Fernando Lalana Lac
Deborah Oberegger

TRAMONTANA-Intensivkurs

Übungsbuch

Schmetterling Verlag

Für den Schulgebrauch
Sekundarstufe I und II

Schmetterling Verlag GmbH
Lindenspürstr. 38b
70176 Stuttgart
www.schmetterling-verlag.de

ISBN 3-89657-706-9
1. Auflage 2002 09 08 07 06 05 04 03 02 / 9 8 7 6 5 4 3 2 1
Printed in Germany

Satz und Reproduktionen: Schmetterling Verlag
Druck: GuS-Druck GmbH, Stuttgart
Binden: IDUPA, Owen

Inhalt

[yo]	*me llamo*
[tú]	*te llamas*
[él]	*se llama*
[ella]	*se llama*
[usted]	*se llama*

Presentación I

1. Complete los diálogos.

A) María Pilar y Sabine

—Buenos días. Yo . . . María Pilar Loscertales Rovira. ¿Y usted?
—Yo . . . Sabine Schmidt.
—¿. . . alemana?
—Sí, . . . alemana. ¿Y usted . . . italiana?
—No, yo . . . española . . . Madrid. ¿De dónde . . . usted?
—. . . . . Hamburgo.
—¡Adiós! Hasta mañana!
—¡. . .!

B) Jacline y Pablo

—¡Buenas tardes!
—¡. . . . . . .! Yo . . . Jacline. ¿Y tú?
—Yo . . . Pablo. ¿. . . inglesa?
—No, no . . . inglesa. . . . francesa. ¿Y tú?
—. . . español. . . . . Sevilla.
—¿ Dónde . . . Sevilla?
—Sevilla . . . en el sur de España
—¿. . . Sevilla una ciudad pequeña?
—No, Sevilla no . . . una ciudad pequeña. . . . una ciudad grande.
—¡Hasta luego, Pablo!
—¡. . . . . . ., Jacline!

2. Stefan y Ana

Traduzca el diálogo.

—Guten Tag. Ich bin Stefan Bauer.
—Guten Tag. Ich heiße Ana Torres Muñoz.
—Woher kommen Sie?
—Ich komme aus Spanien. Und woher kommen Sie?
—Ich bin aus Deutschland.
—Sind Sie aus Hamburg?
—Nein, ich bin aus München. München ist eine sehr große Stadt.

3. Salude a un/a compañero/a, preséntese, pregúntele cómo está y despídase.

4. Responda negativamente y corrija.

¿Es Michel alemán?

⇨ *No. Michel no es alemán.*
⇨ *Michel es francés.*

1. ¿Es Hans español? — 2. ¿Está Sevilla en el norte de España? — 3. ¿Es Coimbra una ciudad española? — 4. ¿Son Carla y Marino alemanes? — 5. ¿Es el señor Bauer de Gijón? — 6. ¿Es José Luis el hijo de Pablo Loscertales? — 7. ¿Está Alberto en Barcelona? — 8. ¿Eres tú belga? — 9. ¿Es Encarnación Rovira la hermana de María Pilar? — 10. ¿Es Gijón una ciudad grande? — 11. ¿Están Isabel y Chantal en París? — 12. ¿Están los bolígrafos en la mesa?

5. Complete las frases.

1. Pedro es . . .
2. Sevilla está . . .
3. Roma y Florencia son . . .
4. Oporto es una . . .
5. París no es . . .
6. Heike es de . . .
7. Pierre y Paul son . . .
8. Jorge no es . . .
9. Roberto y Alberto son . . .
10. Nosotros somos . . .

6. Emplee las formas de cortesía.

1. ¿Cómo te llamas?	¿. . . . . .?
2. ¿De dónde eres?	¿. . . . . .?
3. ¿Hablas español?	¿. . . . . .?
4. ¿Eres mexicano?	¿. . . . . .?
5. ¿Dónde vives?	¿. . . . . .?
6. ¿Qué lenguas hablas?	¿. . . . . .?

7. Ciudades de España (Trabajo en grupo)

¿Conocen algunas ciudades españolas?

De arriba a abajo: Una cuidad del sur de la Península Ibérica.

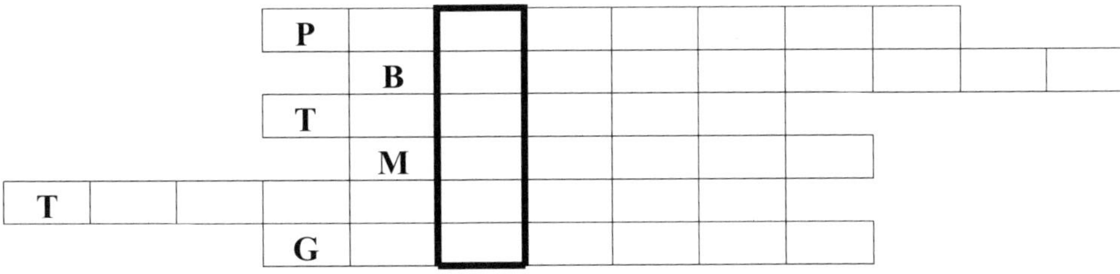

8. Ponga en plural.

1. el hijo . . .
2. grande . . .
3. el hermano . . .
4. importante . . .
5. él . . .
6. la mesa . . .
7. portugués . . .
8. italiana . . .
9. suizo . . .
10. la madre . . .
11. ¿Quién? . . .
12. holandés . . .
13. el bar . . .
14. la capital . . .
15. el padre . . .

9. Países y nacionalidades

Completen la tabla.
(Trabajo en grupo)

País	***Nacionalidad***	***Capital***
España		
	inglés	
Perú		
Rusia		
	alemán	
		Brasilia
	holandés	
Suecia		
	boliviano	
		Lisboa
	belga	
Argentina		
		París

10. *Ejercicio de pronunciación*

1. Ramiro está en el bar.
2. Pedro es de Zaragoza y está en Guadalajara.
3. Bogotá es la capital de Colombia.
4. Héctor es el hermano de Miguel y de José Ángel.
5. Julio es paraguayo y está en Buenos Aires.
6. Javier y Paula son de Badajoz.
7. Caracas es una ciudad sudamericana y es la capital de Venezuela.
8. Nosotros no somos mexicanos, somos panameños.
9. Montevideo no es la capital de Paraguay.
10. Los padres de José Ramón están en Castellón de la Plana.
11. ¿Sois de Jaén o de Cádiz?
12. Jerez y Córdoba están en Andalucía.
13. Santander y Gijón están en el Norte de España.
14. Peter es alemán. Es de Aquisgrán.

11. *Lenguas europeas*

(Trabajo en grupo)

A ver si encuentran en esta sopa de letras doce idiomas en 7 minutos. Escriban los idiomas y los países en que se hablan.

M	N	I	T	A	L	I	A	N	O	A	Y	V	B
E	O	H	E	S	E	A	I	U	D	L	S	A	R
F	R	F	L	I	R	G	L	A	U	E	E	O	E
I	N	G	L	E	S	R	B	P	A	M	I	E	R
N	A	O	O	N	T	I	X	O	T	A	H	F	U
L	U	I	Z	V	U	E	F	R	A	N	C	E	S
A	T	E	J	Y	D	G	D	T	E	O	G	L	I
N	O	R	U	E	G	O	G	U	C	I	R	H	O
D	A	N	E	S	P	E	J	G	H	H	E	R	P
E	P	F	D	F	E	S	T	U	H	G	U	U	A
S	E	H	O	L	A	N	D	E	S	I	O	S	O
D	C	A	P	I	L	Y	E	S	P	A	Ñ	O	L

12. El equipo escolar

13. Galgenmännchen

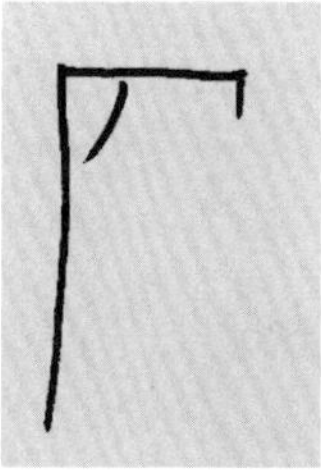

1. c _ _ _ _ _ _ _
2. s _ _
3. c _ _ _ _ _ _
4. G _ _ _ _ _ _ _
5. n _ _ _ _
6. S _ _ _ _ _ _ _
7. G _ _ _ _ _ _ _ _ _ _ _
8. p _ _ _ _ _ _ _
9. g _ _ _ _ _ _
10. a _ _ _ _ _ _
11. t _ _ _ _ _ _ _
12. l _ _ _ _ _
13. h _ _ _ _ _ _ _
14. c _ _ _ _ _ _ _ _
15. C _ _ _ c _ _
16. p _ _ _ _ _ _ _
17. m _ _ _ _
18. u _ _ _ _ _ _ _ _ _ _ _
19. r _ _ _ _
20. a _ _ _ _ a

14. La familia de Noelia

Ponga las palabras en su lugar.

y — una — tiene [hat] — son — Sebastián — se llama — Roberto — padre — Noelia — madre — hermano — hermana — dos — bisabuela

Noelia . . . dos hermanos: un hermano y . . . hermana. El . . . de Noelia se llama . . . y la madre . . . Rosario. El . . . de Noelia se llama José Luis y la . . . Cristina. El marido de Cristina es . . .. Cristina y Sebastián tienen . . . hijos: Paula . . . Sergio. Mercedes es la . . . de Rosario y la abuela de José Luis, . . . y Cristina. Los abuelos de Paula y Sergio . . . Rosario y Roberto. Mercedes es la . . . de Paula y Sergio.

la mano
la cuenta
sólo

Presentación II – Lenguas españolas

1. España

Responda a las preguntas.

1. ¿Dónde está Bilbao?
2. ¿Qué es Valladolid?
3. ¿Qué sabe [wissen] usted de Barcelona?
4. ¿Es San Sebastián la capital del País Vasco?
5. ¿Qué lenguas se hablan en el País Vasco?
6. ¿Dónde está Madrid?
7. ¿Cuántas lenguas se hablan en la Península Ibérica?
8. ¿Dónde hay una universidad muy antigua?

2. Complete las frases.

1. En la mesa . . . una foto.
2. En Galicia . . . castellano y gallego.
3. Bilbao . . . en . . . .
4. El bolígrafo . . . en la mesa.
5. Klaus . . . de Hamburgo y . . . en España.
6. Marie y Pierre son . . . .
7. Lloret de Mar . . . en Cataluña.
8. Montserrat no es . . ., . . . catalana.

3. Ponga los verbos en su forma conveniente.

1. En Cataluña se (hablar) catalán y castellano.
2. Yo (ser) alemán y (estudiar) español.
3. ¿(Hablar) usted francés?
4. Tú no (ser) de Barcelona.
5. ¿(Hablar) vosotros italiano?
6. La capital de Euskadi (ser) Vitoria.
7. Las hermanas de Roberto (estudiar) en Pamplona.
8. ¿Dónde (estar) las Islas Canarias?

4. Escriba los siguientes números.

3:
7:
11:
9:
6:
14:
15:
8:

1:
4:
12:
2:
13:
10:
5:
0:

5. Forme preguntas.

1. <u>Roberto</u> estudia francés.
2. Zaragoza está <u>en el norte de España</u>.
3. Heike es <u>de Alemania</u>.
4. En el País Vasco se hablan <u>dos</u> lenguas.
5. <u>Mario y Carla</u> son italianos.
6. Petra habla <u>francés</u>.
7. En Pamplona hay <u>dos</u> universidades.
8. Los padres de Berta y Noelia son <u>de Lalueza</u>.
9. El euskera es la lengua <u>del País Vasco</u>.
10. <u>Salamanca</u> está en el oeste de la Península Ibérica.
11. <u>Susana</u> es la hermana de David.
12. Nuno estudia <u>en Coimbra</u>.

6. Lenguas españolas

¿Qué sabe usted de España?

1. ¿Dónde está Sevilla?
2. ¿Cuál es la capital de Cataluña?
3. ¿Es Valladolid la capital de Andalucía?
4. ¿Dónde está Santiago de Compostela?
5. ¿Hay en Madrid un puerto importante?
6. ¿Cuántas lenguas se hablan en España?
7. ¿Qué lenguas se hablan en Galicia?
8. ¿Con qué países limita España?
9. ¿Cuál es la capital de Castilla y León?
10. ¿Dónde está Bilbao?

7. El castellano en el mundo

El español es, después del chino y del inglés, el idioma más hablado del mundo. Cuenta con unos cuatrocientos millones de hablantes en veintiséis países y cuatro continentes. El país en el que vive el mayor número de hablantes de español no es España sino Méjico con sus aproximadamente ochenta (80) millones de hablantes. En España sólo unos cuarenta (40) millones de personas hablan castellano. En España el español también recibe el nombre de castellano, porque no es la única lengua española.

En España se hablan otras lenguas además del castellano.

8. ¿Es o está?

Marque la opción correcta.
Las letras forman el nombre de una Comunidad Autónoma.

1. Madrid . . . en el centro de España.
2. ¿De dónde . . . Jorge?
3. María . . . la hija de la señora Rovira.
4. ¿Dónde . . . mi libro?
5. Juan . . . chileno.
6. Roberto . . . en Salamanca.
7. Pilar . . . la hermana de Pepe.
8. ¿Dónde . . . Sevilla?
9. Sevilla . . . en el sur de España.
10. Sevilla . . . la capital de Andalucía.
11. El vasco . . . la lengua del País Vasco.
12. ¿Cuál . . . la capital de Cataluña?
13. . . . una universidad muy antigua.

es	está
L	*C*
A	*Ì*
S	*M*
N	*T*
I	*B*
H	*L*
L	*O*
D	*A*
E	*Y*
L	*A*
E	*C*
Ó	*H*
N	*O*

Solución:

9. Dos casas

a) Determine el género de los substantivos.
b) Subraye las palabras con dos colores diferentes, por ejemplo:
masculino = verde, femenino = amarillo

c) Compare con su compañero y controle en el diccionario si su decisión es (ha sido) correcta.
d) Escriba las palabras en la casa que corresponda.

esposo hijo capital chico
libro esposa bolígrafo mesa
centro madre puerto lengua
hermano península señora hija
universidad señor
ciudad hermana padre chica

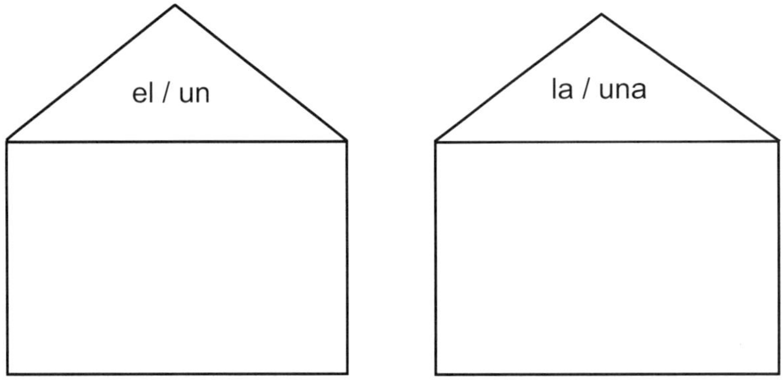

10. ¿Ser, estar o hay?

1. El libro . . . en la mesa.
2. Klaus . . . de Alemania y . . . en Valladolid.
3. La capital de Cataluña . . . Barcelona.
4. Matilde y Lorenzo . . . españoles y . . . en Italia.
5. En Salamanca . . . una universidad muy antigua.
6. Pablo y Encarnación . . . los padres de Roberto.
7. Gijón . . . en el norte de España.
8. La capital de Aragón . . . Zaragoza.
9. José María y María Pilar . . . de Salamanca y estudian en Pamplona.
10. Sevilla no . . . en el este de España.
11. En Málaga . . . muchos [viele] alemanes.
12. ¿. . . vosotros de Valladolid?
13. Marco y Berta . . . suizos y . . . en París.
14. En la mesa . . . tres bolígrafos.

11. Ponga un poco de orden.

1. zedi
2. uvene
3. sod
4. rocuta
5. recet
6. nou
7. noec
8. troccae
9. niecqu
10. hooc
11. essi
12. etise
13. erst
14. oince

12. Ejercicio de segmentación

Escriba las frases sin olvidar de poner los signos de puntuación.

1. buenosdíasmellamoceciliagómeraysoydeméjico
2. holaceciliasoyenriquemuñoz
3. dedóndeeresenrique
4. yosoydemálaga
5. dóndeestámálagaestáenelnortedeespaña
6. nonoestáenelnortemálagaestáenandalucíaenelsurdeespaña
7. porquéestásenbarcelonaestudias
8. síestudiomedicinaenlauniversidad
9. enandorrasehablacatalán

13. Corrija las frases.

1. En la Península Ibérica se hablan cuatro lenguas.
2. España limita con dos países.
3. El País Vasco está en el sur de España.
4. Barcelona está en el centro del país.
5. Salamanca es la capital de Castilla y León.
6. La capital de Andalucía es Málaga.
7. En Cataluña se habla gallego.
8. El vasco es la lengua de todos los españoles.
9. Galicia está en el este de España.
10. El catalán es la lengua de los portugueses.
11. Andorra está entre España y Portugal.
12. En Madrid hay un puerto muy importante

14. Ponga el artículo correcto.

. . . esposa	. . . mano	. . . sofá	. . . península
. . . ciudad	. . . día	. . . solución	. . . puerto
. . . problema	. . . televisor	. . . telegrama	. . . lengua
. . . centro	. . . radio	. . . mujer	. . . hijo

15. Separe las sílabas de las siguientes palabras.

Barcelona
⇨ *Bar – ce – lo – na*

1. excursión	1. . . .
2. Sevilla	2. . . .
3. bolígrafo	3. . . .
4. Guadalajara	4. . . .
5. Loscertales	5. . . .
6. universidad	6. . . .
7. Tarragona	7. . . .
8. quieren	8. . . .
9. Pamplona	9. . . .
10. Montserrat	10. . . .
11. después	11. . . .
12. aprender	12. . . .
13. Andalucía	13. . . .
14. siempre	14. . . .
15. colegio	15. . . .

16. Galgenmännchen

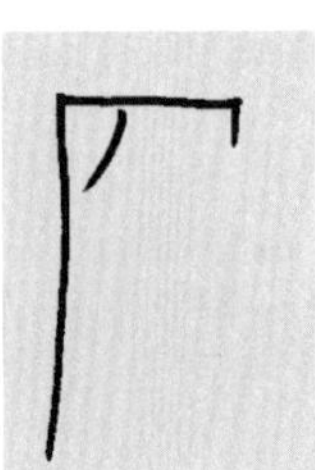

1) b_ _ _ _ _ _ _ _ _   2) t_ _ _ _ _ _ _

3) b _ _ _ _ _ _ _ _ _   4) p _ _ _ _ _ _ _ _ _

5) p _ _ _ _ _ _ _ _ _   6) i_ _ _ _ _ _ _ _ _ _

7) V _ _ _ _ _ _ _ _   8) h _ _ _ _ _ _ _ _

9) e _ _ _ _ _ _   10) E _ _ _ _ _ _ _

11) p _ _ _ _ _ _ _   12) V _ _ _ _ _ _ _ _ _ _

En el piso de Luis

1. Busque al intruso.

☞ catalán — francés — gallego — vasco — castellano
☞ norte — sur — grande — este — oeste
☞ cenar — desayunar — comer — comprar
☞ piso — pan — café — leche
☞ universidad — medicina — barrio — estudiante — profesor

2. Ponga los artículos determinados.

. . . café	. . . manos	. . . días
. . . animal	. . . jersey	. . . lunes
. . . reinas	. . . canción	. . . problemas
. . . autobuses	. . . turista	. . . sistema
. . . programa	. . . universidades	. . . oficina
. . . piso	. . . pan	. . . periódicos
. . . estudiante	. . . número	. . . bar

3. Pregunte por el segmento subrayado.

1. Antonio vive en <u>Linares del Río Frío.</u>
2. <u>Sara</u> trabaja en una academia.
3. <u>Juan Carlos I</u> es el rey de España.
4. Rafael va <u>en coche</u> al colegio.
5. María va al teatro <u>para comprar las entradas</u>.
6. Alberto y Montserrat preparan <u>el desayuno</u>.
7. <u>Después de cenar</u> toman un café.
8. <u>Luis</u> compra la leche y el pan.
9. Ana es profesora y trabaja <u>en un colegio</u>.
10. Luis es <u>de Zaragoza</u>.
11. <u>Por la mañana</u> los dos amigos siempre desayunan juntos.
12. <u>Carmen</u> estudia derecho en la universidad.
13. <u>Rosario y Carlos</u> viven en Perú.
14. Lamberto habla <u>gallego y castellano</u>.

4. *Busque en el diccionario las palabras que no conozca y ponga todos los vocablos en plural.*

Preste atención a los acentos.

acción	actriz	andén	árbol	bambú
búho	caballo	calamidad	carácter	cifra
cinturón	cisterna	clavel	colchón	color
crimen	cristal	cruz	eslabón	eslogan
examen	hoja	inglés	jinete	lección
limón	locutor	magrebí	marroquí	mitin
motín	naranja	pared	rey	rubí
situación	sustento	alelí	geranio	tabú

5. *Complete el texto después de oír el casete.*

piano — un — uno — de — tocar — en — tardes — un — tres — son — programas — con — son — las

Damián es . . . Cádiz y estudia . . . la universidad de Salamanca. Vive en . . . piso con . . . amigos. Los amigos de Damián . . . andaluces. Por las . . . trabaja en . . . supermercado. Por . . . noches se entretiene . . . el ordenador porque los . . . de la televisión no . . . siempre interesantes. Damián tiene un . . . y también aprende a . . . la guitarra con . . . de sus amigos.

6. *Complete las frases.*

1. Los habitantes de España son . . ..
2. Los habitantes de . . . son portugueses.
3. Los habitantes de Brasil son . . ..
4. Los habitantes de . . . son marroquís.
5. Los habitantes de Guatemala son . . ..
6. Los habitantes de . . . son suecos.
7. Los habitantes de Polonia son . . ..
8. Los habitantes de . . . panameños.
9. Los habitantes de Galicia son . . ..
10. Los habitantes de . . . son suizos.

Forges (El País)

7. Traduzca con la ayuda del diccionario los siguientes grupos nominales y póngalos en plural.

1. un rincón oscuro
2. una preciosa imagen renacentista
3. un régimen autoritario
4. el árbol seco
5. un niño muy hablador
6. el ejemplar valioso
7. un almacén grande
8. el joven inglés
9. un carácter difícil
10. un volumen impresionante

8. Traduzca y ponga en singular.

1. análisis específicos
2. los dioses paganos
3. meses calurosos
4. las síntesis indispensables
5. nubes grises
6. las crisis económicas
7. clases interesantes
8. autobuses anticuados
9. éxtasis místicos
10. los guardaespaldas musculosos

9. Mire el dibujo del piso de Luis.

Describa las personas a su compañero.

pelo largo — pelo corto — gafas de sol — pantalones — cuadro — punto — bota — jersey — vaqueros — pendiente (m.) — bigote (m.)

Si necesita más palabras puede buscarlas en el diccionario o preguntar al profesor.

10. Bingo (1-50) *(Trabajo en grupo)*

1-10	X		X		
11-20		X	X		
21-30			X		
31-40			X	X	X
41-50	X	X	X	X	

11. Complete.

1. Buenos . . . . Me . . . Antonia Álvarez y . . . de Granada.
2. . . . tardes. . . . . Jaime Domínguez y vivo . . . Madrid.
3. ¿. . . usted español? Sólo un poco, pero hablo inglés y alemán.
4. ¿. . . usted de Inglaterra? No, soy . . . Francia.
5. ¿Eres chino? . . ., . . . italiano, . . . Milán.

12. Presentación

Datos personales	
Nombre y apellidos:	***José Antonio Malo Corvinos***
Dirección:	***Avenida Comenge, 17 22214 Lalueza (Huesca)***
Nacionalidad:	***español***
Edad:	***33 años***
Estado civil	***casado***
Tel. y Fax	***97451001***
E-mail:	***Jamalo@yahoo.es***

☞ Se llama José Antonio Malo Corvinos.
☞ Vive en el número diecisiete de la avenida Comenge de Lalueza.
☞ El código postal de Lalueza es el veintidós, veintiuno cuatro.
☞ Es español.
☞ Tiene treinta y tres años.
☞ Está casado.
☞ El número de teléfono de José Antonio es el nueve, siete, cuatro, cincuenta y uno,cincuenta, cero, uno.
☞ José Antonio también tiene correo electrónico.

a) Escriba sus datos personales en una ficha.

Datos personales
Nombre y apellido:
Dirección:
Nacionalidad:
Edad:
Estado civil:

b) Lea la ficha.

☞ Me llamo . . .

☞ . . .

c) Haga una ficha de dos compañeros de clase y preséntelos.

13. Poesía

Asturianos de braveza
vascos de piedra blindada,
valencianos de alegría
y castellanos de alma,
andaluces de relámpago
nacidos entre guitarras
extremeños de centeno,
gallegos de lluvia y calma
catalanes de firmeza
aragoneses de casta
murcianos de dinamita
frutalmente propagada,
leoneses, navarros dueños
del hambre, el sudor y el hacha,
reyes de la minería
señores de la labranza ...

Miguel Hernández, Vientos de pueblo

Oigan dos veces el texto y anótense las palabras o fragmentos que han entendido.

a) Nombres de habitantes de regiones o comunidades autonómicas:

asturianos	son los habitantes de	. . .	(1)
vascos		. . .	(2)
valencianos		. . .	(3)
castellanos		. . .	(4)
andaluces		. . .	(5)
extremeños		. . .	(6)
gallegos		. . .	(7)
catalanes		. . .	(8)
aragoneses		. . .	(9)
murcianos		. . .	(10)
leoneses		. . .	(11)
navarros		. . .	(12)

b) ¿Qué comunidades autonómas no se nombran en el texto?

c) Traduzca la poesía.

14. El norte — el sur — el este — el oeste. Decídase

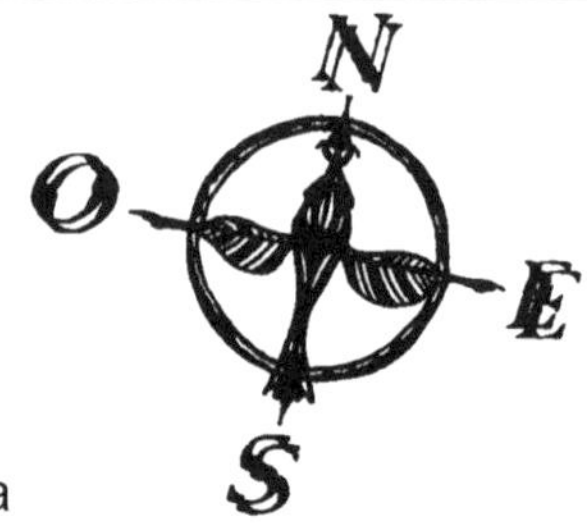

a) Pamplona y Bilbao	1) están en el norte de España. 2) están en el sur de España.
b) España forma con	1) Portugal la Península Ibérica. 2) Francia la Península Ibérica
c) Las Islas Baleares están	1) en el mar Mediterráneo 2) en el océano Pacífico
d) Andalucía	1) está en el sur de España 2) está en el oeste de España
e) Barcelona	1) está en el norte de la Península 2) está en el este del país
f) La capital de España	1) está en el noroeste 2) está en el centro de España

15. Se buscan seis Comunidades Autónomas.

bria — cas — can — cha — cia — du — ex — ga — ja — la — li — lla — ma — man — mur — ra — rio — ti — ta — tre — cia — gon — A — ra — la

1. . . .   2. . . .   3. . . .

4. . . .   5. . . .   6. . . .

16. ¿A qué Comunidades Autónomas españolas pertenecen estas capitales?

Ponga un poco de orden

Santiago de Compostela	Aragón
Barcelona	Castilla y León
Toledo	Andalucía
Oviedo	Cantabria
Vitoria	Cataluña
Zaragoza	Galicia
Logroño	Castilla-La Mancha
Mérida	La Rioja
Santander	País Vasco
Sevilla	Asturias
Valladolid	Navarra
Pamplona	Extremadura

De excursión

1. Responda a las preguntas.

1. ¿Vive Alberto en Madrid?
2. ¿Cómo se llama su amigo?
3. ¿Dónde vive Luis?
4. ¿Por qué no es siempre agradable vivir en Barcelona?
5. ¿Adónde quieren ir de excursión este fin de semana Alberto y Luis?
6. ¿Dónde está Ribes?
7. ¿Por qué no van con el coche de Alberto?
8. ¿Cuáles son los días de la semana?

2. Escriba los números.

23:	4:	6:	22:	19:	20:
12:	16:	9:	15:	10:	14:

3. Complete las frases.

1. Pedro y Roberto (querer) (salir) de excursión.
2. Luis (estar) en Barcelona y (estudiar) catalán en una academia de idiomas.
3. Roberto (ir) al supermercado porque (querer) comprar pan y café.
4. En Cataluña se (hablar) catalán y castellano.
5. Yo (estar) en Mettingen, pero no (ser) de Mettingen.
6. El tren (salir) a las cuatro de la tarde.
7. Alberto (vivir) en un piso de la calle Mallorca. La calle Mallorca (ser) una calle de Barcelona.
8. El coche de Alberto (estar) en el taller porque los frenos no (funcionar) bien.

4. ¿Muy o mucho?

1. Alberto no habla . . . .
2. En Barcelona hay . . . estudiantes y . . . contaminación.
3. Montserrat estudia . . . y habla . . . bien inglés.
4. En los pueblos de la montaña no hay . . . turistas.
5. Los frenos del coche no funcionan . . . bien.
6. Su abuelo es . . . viejo. Ya tiene . . . años.
7. Tenemos todos . . . hambre [Hunger], porque es . . . tarde.
8. ¿Es una ciudad bonita?. – Sí, . . . bonita.

5. Forme frases.

1. Alberto — excursión — fin de semana
2. pueblo — pequeño — tranquilo
3. televisión — interesante
4. coche — taller — averiado
5. sábado — fiesta — excursión

6. Ponga un poco de orden.

1. viejo, — todavía — pero — muy — mi — hermana — funciona — es — El — de — coche — bien. — bastante
2. centros — Costa Cantábrica — En — hay — la — muchos — no — turísticos.
3. van — se respira — puro. — porque — Pirineo — Muchos — habitantes — de — Cataluña — catalán — allí — al —aire
4. bastante — ciudad — de — el — en — es — está — este — grande. — la — Península Ibérica — una — Valencia — y
5, uno — problemas — nicaragüense. — nación — más — los — la — graves — es — El — de — de — analfabetismo
6. averiados. — coche — el — en — está — frenos — los — Mi — porque — taller — tiene

7. Buscando parejas

¿Qué verbos pueden hacer pareja con los substantivos de la primera columna?

lengua	salir
guitarra	aprender
universidad	tocar
supermercado	hablar
periódico	comprar
televisión	respirar
aire	leer
excursión	estudiar
academia	ver

8. *Consulte el diccionario y complete con los artículos determinados.*

. . . vientre	. . . vestido	. . . trabajo	. . . tiempo
. . . tesis	. . . sistema	. . . senectud	. . . sangre
. . . sal	. . . Rioja	. . . problema	. . . poeta
. . . Pirineos	. . . paquete	. . . nación	. . . mueble
. . . motor	. . . miel	. . . mezcla	. . . mes
. . . mente	. . . marco	. . . leche	. . . habla
. . . bar	. . . fuente	. . . fatalidad	. . . estratagema
. . . dolor	. . . dilema	. . . labor	. . . clima
. . . clave	. . . catedral	. . . calma	. . . amistad
. . . altitud	. . . Guadalquivir	. . . Adriático	. . . aceite

9. *Barcelona* (Lectura comentada)

Barcelona es la capital de Cataluña y es la segunda ciudad española por el número de habitantes. Es una ciudad industrial y comercial con un puerto muy activo. Es una ciudad rica, sus habitantes tienen el nivel de vida más elevado de España.

La ciudad está situada entre dos montañas: el Tibidabo, donde hay un gran parque de atracciones y Montjuich donde, además del Estadio olímpico y el Pueblo Español, hay dos importantes museos: el de Arte románico y el dedicado a Joan Miró. Barcelona ha dedicado también un museo a Pablo Picasso (Museo Picasso) porque el pintor malagueño vivió [lebte] nueve años en la Ciudad Condal antes de trasladarse a Francia.

Las Ramblas son un paseo que va desde el centro de Barcelona (Plaza de Cataluña) hasta el mar. En el medio del paseo se prolonga una ancha zona peatonal con árboles donde se venden flores, pero también pájaros y libros. Un paseo por las Ramblas es una obligación diaria para muchos barceloneses. El Barrio Gótico es la parte más antigua de Barcelona. En él se encuentra la Catedral y otros edificios históricos que datan del siglo XIV.

En Barcelona tuvieron [fanden statt] lugar los Juegos Olímpicos de 1992.

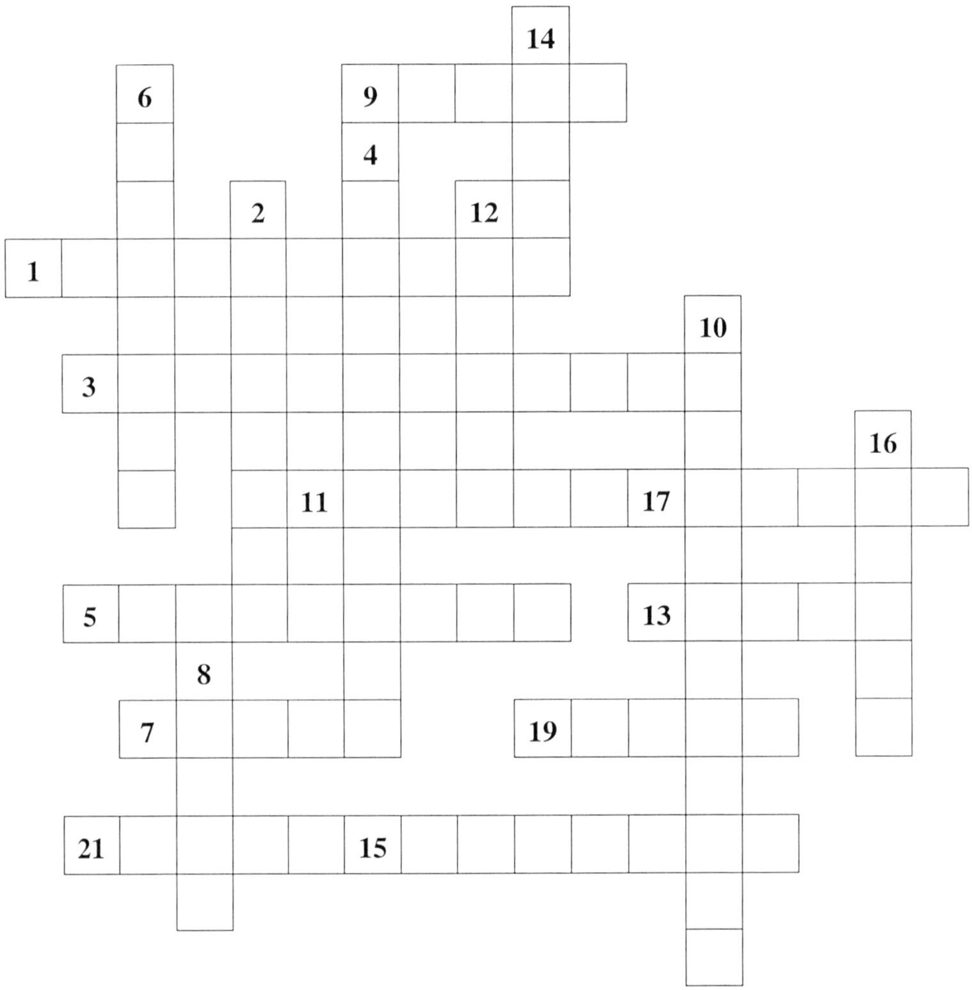

horizontal:

1 siete por tres
3 este ordenador cuesta 900 euros
5 20 más 20
7 el año tiene ... meses
9 un equipo de fútbol tiene ... jugadores
11 la semana tiene ... días
13 100
15 un minuto tiene ... segundos
17 se dice que el gato y el número ... dan mala suerte
19 27 dividido por 9
21 la guitarra tiene ... cuerdas

vertical:

2 Mi abuelo tiene 90 años
4 en España existen ... Comunidades Autónomas
6 3 por 10
8 tenemos ... dedos en las manos
10 700
12 el embrazo de una mujer dura normalmente ... meses
14 0
16 25:5

11. Ponga la «y (i)» donde haga falta.

1. 41: cuarenta . . . uno
2. 503: quinientos . . . tres
3. 318: trescientos . . . diez . . . ocho
4. 624: setecientos . . . veinte . . . cuatro
5. 2008: dos . . . mil . . . ocho
6. 7025: siete . . . mil . . . veinte . . . cinco
7. 53071: cincuenta . . . tres . . . mil . . . setenta . . . uno
8. 990806: novecientos . . . noventa . . . mil . . . ochocientos . . . seis
9. 2332469: dos . . . millones . . . trescientos . . . treinta . . . dos . . . mil . . . cuatrocientos . . . sesenta . . . nueve
10. 16000004: diez . . . seis . . . millones . . . cuatro

12. Complete las frases.

1. Luis y Alberto . . . Barcelona y desean . . . de excursión este . . . de semana porque el lunes . . . también fiesta.
2. Van . . . tren. El coche está en el . . . . Los . . . no funcionan bien.
3. En Barcelona . . . muchos . . . y . . . contaminación. En los Pirineos los . . . son pequeños y . . ..
4. . . . en tren no es . . . contaminante.
5. Muchos habitantes . . . Barcelona pasan los fines de semana . . . los pueblos de los Pirineos porque . . . se respira . . . puro.

13. Nicaragua

Responda a las preguntas. (Puede consultar un atlas.)

1. ¿Dónde está Nicaragua?
2. ¿Con qué países limita Nicaragua al norte y al sur?
3. ¿Con qué mar limita Nicaragua al este?

4. ¿Con qué océano limita Nicaragua al oeste?
5. ¿Cómo se llama la capital de Nicaragua?
6. ¿Dónde está la capital?
7. En Nicaragua hay dos lagos. ¿Cómo se llaman?
8. ¿Qué colores tiene la bandera [Flagge] de Nicaragua?
9. ¿Qué lengua hablan los nicaragüenses?
10. Busque en el atlas al menos 3 importantes ciudades nicaragüenses.

14. Algunos datos sobre Nicaragua

Geografía

Superficie:
Superficie terrestre: 120.254 km²
Superficie acuática: 9.240 km²
Fronteras:
Total de frontera terrestre: 1.232 km
Países fronterizos: Costa Rica (309 km), Honduras (922 km)
Desarrollo costero: 910 km
Puntos extremos:
Punto más alto: Mogoton (2.438 m)

Población

Natalidad: 36,04 (1998)
Mortalidad: 5,8 (1998)
Mortalidad infantil: 42,26 (1998)
Crecimiento anual: 2,92% (1998)
Esperanza de vida:
Población total: 66,62 años
Hombres: 64,26 años
Mujeres: 69,08 años (1998)
Nivel de alfabetización: 65,7% (1995)
Gentilicio: nicaragüense
Religiones: católicos (77%), protestantes (15%), otros (8%)
Lengua: español (oficial), inglés y lenguas indígenas en zonas reducidas
Grupos étnicos: mestizo (mezcla amerindios y blancos) (69%), blancos (17%), negros (9%), amerindios (5%)

15. Letras perdidas

Ponga las letras que faltan en las siguientes palabras.

☞ N I _ _ R _ G _ _
☞ L A T _ _ O _ _ E R _ _ _ NA
☞ _ A _ A _ _ A
☞ D E _ E _ _ L E O
☞ _ _ A L _ _ B E _ I _ M O
☞ P _ _ _ L O
☞ C _ _ T _ N _ _ _ E
☞ _ O _ _ _ R
☞ T _ A _ _ J _

16. Países y nacionalidades

Complete la tabla.

PAÍS	NACIONALIDAD
España	. . .
Perú	. . .
. . .	inglés
Rusia	. . .
. . .	francés
Alemania	. . .
. . .	suizo
Brasil	. . .
. . .	holandés
Suecia	. . .
. . .	boliviano
Portugal	. . .
. . .	belga
Argentina	. . .
Andorra	. . .
. . .	nicaragüense
Dinamarca	. . .

17. ¿A qué países pertenecen las siguientes capitales?

Ponga un poco de orden.

Sucre	Venezuela
Quito	Perú
Caracas	Uruguay
San Salvador	Honduras
Santiago	Chile
Montevideo	Bolivia
Lima	Ecuador
Managua	Nicaragua
Tegucigalpa	Colombia
Asunción	Paraguay
Bogotá	El Salvador

18. Familia y parentesco

Se buscan 11 miembros de la familia.

Q	S	O	B	R	I	N	O	L	P
U	R	G	U	A	H	I	J	O	A
C	D	Y	N	C	E	A	I	T	D
U	P	N	U	E	R	A	M	U	R
Ñ	L	S	A	R	M	A	D	R	E
A	B	U	E	L	A	S	L	I	O
D	I	E	L	O	N	I	E	T	A
O	D	G	A	P	O	S	U	I	L
Y	E	R	N	O	H	I	J	A	A
P	N	O	C	L	T	U	N	E	R

En el autobús

1. Forme las preguntas correspondientes.

1. ¿. . . . .? ¿En la habitación? No, no hay nada.
2. ¿. . . . .? ¿Mi madre? No, no está en casa.
3. ¿. . . . .? ¿Quién, yo? No, yo no vivo en Inglaterra.
4. ¿. . . . .? ¿Los libros de Cela? Están en la mesa.
5. ¿. . . . .? ¿Quién, Jorge? Es un amigo de Carmen y Alfonso.
6. ¿. . . . .? ¿Las entradas? Sí, las entradas, tenemos que comprarlas esta noche.
7. ¿. . . . .? ¿El concierto? En el Principal.
8. ¿. . . . .? ¿Esta noche? Sí, tengo tiempo para salir.
9. ¿. . . . .? No, no es el coche de Ana. Es el coche del padre de Ana.
10. ¿. . . . .? ¿Italiano? No, no hablo italiano.
11. ¿. . . . .? ¿En avión? No, vamos en coche.

2. Se buscan los días de la semana

El día que falta consta de las letras que están entre paréntesis.

__ __ M _ (_) G_
_ A _ _ (_) S
(_) _ B _ D _
_ I _ _ C _ (_) _ _
_ _ E _ N _ _
_ (_) _ V _ S

Forges (El País)

3. Tres letras más

El alfabeto español tiene tres letras que no existen en el alfabeto alemán:
- la «ch», que sigue a la «c»: el chaleco, el chicle, el chocolate
- la «ll», que sigue a la «l»: llamar, lluvia
- la «ñ», que sigue a la «n»: el niño, mañana

a) Deletree las siguientes palabras.
☞ chaqueta — chica — Chile — charlar
☞ llave — llegada — llevar — llamar
☞ montaña — madrileño — español — mañana
☞ abrelatas — Arantxa — Rascacielos — Valdepeñas
☞ Paraguas — Jaén — Guadalquivir — Zaragoza
☞ Albéniz — Méjico

b) Deletree su nombre y apellido a su compañero y pregúntele cómo se deletrea el suyo.

4. Ejercicio de tándem

¿Por qué toman Carmen y Alberto el autobús? Carmen y Alberto toman el autobús para dar un paseo por la ciudad.	***¿Qué quieren comprar Carmen y Alfonso?*** Carmen y Alfonso quieren comprar las entradas para el concierto.
¿A quién encuentran en el autobús? En el autobús encuentran a Jorge.	***¿Qué hay en el teatro principal?*** En el teatro principal hay un concierto.
¿Es un concierto de música moderna? No, es un concierto de música clásica.	***¿Va Jorge también al concierto?*** No, Jorge no tiene tiempo.
¿Porqué no tiene tiempo? Porque mañana Jorge sale de viaje.	***¿Jorge sale de viaje sólo?*** No, Jorge va con Ana.
¿Adónde van Jorge y Ana? Van a Italia.	***¿A quién quieren visitar en Milán?*** Quieren visitar a unos amigos.
¿Van en tren a Italia? No, van en coche a Italia.	***¿De quién es el coche?*** Es el coche del padre de Ana.
¿Hablan Jorge y Ana italiano? Jorge no habla italiano, pero Ana habla un poco.	***¿En qué parada tienen que bajar Carmen y Alfonso?*** Tienen que bajar en la plaza Tetuán.

5. Forme frases con la ayuda de las palabras siguientes.

1. por la mañana — ir — ciudad
2. por la tarde — tomar — autobús
3. a mediodía — comer — paella
4. por la noche — concierto — teatro
5. por la tarde — visitar — amigo

6. esta tarde — ir — restaurante
7. hoy — leer
8. esta noche — encontrar

6. Forme preguntas a las que pueden corresponder las siguientes respuestas.

1. Viene mucha gente a la fiesta.
2. Tengo tres hermanos.
3. Cuesta 20 euros.
4. Valen 250 euros.
5. Yo no soy de Salamanca.

7. Redacción

tomar — tiempo — tener — programa — paseo — Milán — Jorge — Falla — equipaje — entradas — concierto — comprar — Carmen — amigo — Alfonso

8. Complete las frases.

1. Alberto no . . . en su coche a la montaña porque el coche . . . averiado.	ir — estar
2. Salomé y Teresa . . . a las cuatro de la tarde y . . . antes de cenar.	salir — volver
3. Antonio . . . y . . . en un pueblo de la provincia de Lugo.	vivir — trabajar
4. [Nosotros] . . . . a Sevilla para visitar a unos amigos.	querer — ir
5. Los Ramírez . . . dos hijos y una hija.	tener
6. Rosalía . . . a Sandra en el autobús y las dos amigas . . . de sus hijos.	encontrar hablar
7. Las entradas del concierto no . . . mucho dinero.	costar
8. Yo no . . . al concierto porque el programa no . . . muy interesante.	ir ser
9. Los frenos de esta moto no . . . muy bien.	funcionar
10. [Ellos] . . . . unos días agradables en un pueblo de la montaña.	desear — pasar

9. Escriba las expresiones.

1. 200 euros . . . .
2. 500 asientos . . . .
3. 701 localidades . . . .
4. 1.827 monedas . . . .
5. 2.660 personas . . . .
6. 300.000 estudiantes . . . .

10. Lectura y comprensión

a) Escuche atentamente las frases y subraye las palabras que no conoce.
b) Lectura del texto.

1. Algunos recuerdamos con nostalgia la revolución estudiantil de 1968.
2. Tengo un SEAT desde hace 21 años.
3. ¿Te suena esta fecha: 1515?
4. En 2004 se celebra el centenario del nacimiento de Pablo Neruda.
5. ¿Te recuerda algo importante el año 711?
6. En 1492 Cristóbal Colón descubre América.
7. En 1973 comienza la dictadura de Augusto Pinochet en Chile.
8. ¿Qué es un capicúa? Un capicúa es el número: 3113.
9. Me hablas de 20.000 euros y yo no tengo ni 2000.
10. —¿Cuántos sellos tienes en tu colección?
    —De momento sólo 100.

11. Seis adivinanzas para atrevidos con paciencia y un buen diccionario

1. Unas son redondas,
   otras ovaladas.
   Unas piensan mucho,
   otras casi nada.

2. Van y vienen
   y por el camino
   no se entretienen.

3. Pequeño, pero importante.
   Su hazaña más comentada:
   dar a un enorme gigante
   una terrible pedrada.

4. Dama con pendiente,
   toca muy deprisa
   para que la gente
   no pierda la misa.

5. En el agua se hace
   y en ella se deshace

6. Con mi cara roja,
   mi ojo negro
   y mi vestido verde
   al campo alegro.

12. Números

Escriba los números en las casillas y compare y comente los resultados con su compañero.

número	*millar*	*centena*	*decena*	*unidad*
1999	*mil*	*novecientos*	*noventa*	*y nueve*
6721				
10.875				
342				
4197				
15.555				
2014				
7633				
906				
567880				
3469				
8090				
434.241				
62111				
7702				

13. Coloque el pronombre interrogativo apropiado.

1. ¿. . . es este señor? (wer?)
2. ¿. . . es la diferencia entre una perra y una pera? (was?)
3. ¿. . . cuestan las manzanas? (wieviel?)
4. ¿. . . viene Julio? (wann?)
5. ¿. . . libro quieres comprar? (welches?)
6. ¿. . . necesitas el libro de español? (wozu?)
7. ¿. . . de los dos chicos es tu hermano? (welcher?)

14. Complete.

—Hola. Buenos . . .. Me . . . Alfonso Duarte y . . . de Toledo.
—. . . días. . . . . Carmen Navarro y vivo . . . Barcelona.
—¿ . . . usted catalán?
—Sólo un poco, pero . . . francés y alemán.

15. Formule preguntas.

1. Alberto y Montserrat escuchan música.
2. Los pueblos de los Pirineos son muy tranquilos.
3. José Raúl quiere salir con Leopoldo y Rosa.
4. Martín es el hermano de José Antonio.
5. La capital de Nicaragua es Managua.
6. Luis quiere comprar la leche en el supermercado.

16. Juego: los números (grupo)

Die Schüler sitzen im Kreis. Die Aufgabe besteht darin, in der Gruppe bis 21 zu zählen. Es gibt allerdings einige erschwerende Einschränkungen:

- ☞ Die Zahlenfolge von 1 bis 21 muss eingehalten werden.
- ☞ Es darf nur eine Person zur gleichen Zeit sprechen.
- ☞ Der linke und rechte Partner des gerade Sprechenden darf nicht die nächstfolgende Zahl sagen.
- ☞ Verbale oder nonverbale Absprachen oder Zeichen, wer die nächste Zahl sagen soll, sind verboten. Es wird auch nicht festgelegt, wer beginnen soll. Bei Verletzung einer Regel beginnt es wieder mit der Zahl 1.

Trabalenguas

Tres tristes tigres toman trigo en un trigal: un tigre, dos tigres, tres tigres.

Cuando cuentes cuentos, cuenta cuántos cuentos cuentas.

Papá, pon para Pepín pan.

En la estación

1. En la aduana

Describa a tres personas del dibujo

2. Sustituya el pronombre personal por el pronombre posesivo.

1. ¿Dónde está . . . (nosotros) coche?
2. ¿Quién tiene . . . (yo) bolígrafo?
3. Aquí tienes . . . (tú) tarjeta de crédito.
4. Carmen es . . . (vosotros) amiga.
5. ¿Cuál es . . . (tú) número de teléfono?
6. Jaime es . . . (ella) compañero de clase.
7. . . . (yo) madre es profesora.
8. Damián y Noelia hablan de . . . problemas.
9. . . . (vosotras) hijas son muy simpáticas
10. . . . (nosotros) amigos estudian matemáticas.
11. Ahí están . . . (él) cosas.

3. *Ponga un poco de orden.*

1. y — una — un — semana. — quiere — pueblo — pasar — montaña — Mi — la — ir — hermano — de — allí — a
2. de — de — en — escuela — hermana — Lérida. — pueblo — Su — trabaja — un — una
3. vida. — van — van — que — porque — piensan — Muchos — mejorar — las — grandes — de — ciudades — campesinos — allí — a — a
4. a — a — de — Este — la — las — llega — Madrid — noche. — nueve — pasa — por — tren — y — Zaragoza
5. vasco. — norte — Navarra — Muchos — los — hablan — habitantes — del — de — de
6. academia — aprender — Compostela. — de — de — de — Elisa — en — en — Galicia — gallego — lenguas — quiere — Santiago — una — vive — y

4. *Complete el diálogo con los posesivos necesarios.*

a) Quién responde en el ejercicio es Nacho.
b) Un alumno nos informa de la familia de Nacho.
c) Cuente a su compañero algo sobre su familia.

— Esta es una foto de . . . familia.
— ¿Quién es esta señora de pelo negro?
— Es . . . tía Inmaculada, la hermana menor de mi padre.
— ¿Está casada o soltera?
— Está casada y tiene 3 hijos. La hija mayor, . . . prima Noelia, es dentista.
— Y el señor de calva, ¿quién es?

— Es . . . abuelo Antonio, el padre de . . . madre. A la izquierda está su mujer, . . . abuela Ana.
— Y la mujer del pelo largo ¿es . . . hermana?
— Sí, es . . . hermana mayor.
— ¿Quiénes son estos niños?
— Son . . . sobrinos Margarita y Felipe.

5. Complete las frases.

1. chaquetas (azul marino)
2. vestidos (azul)
3. unas faldas (rojo)
4. una blusa (rojo claro)
5. ojos (negro)
6. uniformes (verde oliva)
7. sábanas (blanco)
8. una camisa (castaño claro)
9. flores (amarillo)
10. unas clacetines (verde)

Adivinanza

En un hilo esta mi vida,
en un soplo esta mi muerte,
soy hija de varias madres
y blanca será mi suerte.

6. Complete las frases con un adjetivo posesivo.

1. Tengo una hermana y dos hermanos. . . . hermana se llama Paula y está casada. . . . hermanos se llaman Nicolás y Mario. Mario también está casado. . . . mujer se llama Rosalinda. Rosalinda y Mario tienen dos hijas. . . . hijas son . . . sobrinas y yo soy . . . tío.
2. Tenemos dos hijos. . . . hija estudia en la universidad de Zaragoza y . . . hijo todavía va al instituto. . . . hija tiene novio. . . . novio es de Barcelona.
3. Pilar vive en la misma calle que nosotros. Pilar es . . . vecina. Su marido trabaja en un banco. . . . padres viven en un pueblo de la provincia de Soria.
4. Carmen es . . . cuñada. Ella está casada con Damián. Damián es . . . hermano mayor. Ellos tienen 2 hijos. . . . hijo mayor se llama Estefan y . . . hijo menor se llama Luis. Luis y Etefan son . . . sobrinos.

7. ¿Cuál es la diferencia? Traduzca las frases.

1. Esta carne es mala. ....
   Esta carne está mala. ....
2. Mi hermana es muy fuerte. ....
   Mi hermana está muy fuerte. ....

3. Jorge es joven. ....
   Jorge está joven. ....
4. Celia y Doria son muy atractivas. ....
   Celia y Doria están muy atractivas. ....
5. La habitación es muy oscura. ....
   La habitación está muy oscura. ....
6. El profesor es bastante amable. ....
   El profesor está bastante amable. ....

8. Describa el horario de Pablo.

Hora	*Lunes*	*Martes*	*Miércoles*	*Jueves*	*Viernes*	*Sábado*	*Domingo*
9.00-9.45	matemáticas	——— ——	geografía	biología	español		
9.50-10.35	biología	física	música	biología	español		
10.55-11.40	química	francés	alemán	química	geografía		
11.45-12.30	historia	francés	alemán	matemáticas	música		
12.45-13.30	dibujo	matemáticas	historia	inglés	física		
13.30-14.15	dibujo	religión	biología	inglés	————		
14.20-15.05	español	——— ——	deporte	——— ——	————		
15.05-15.50	——— —-	——— ——	deporte	——— ——	————		

Describa ahora su propio horario a su compañero.

9. Formule la preguntas.

1. Estudio alemán en una academia de lengua.
2. Trabajo en el supermercado de mi padre.
3. Vivo en la calle Mallorca, número 16.
4. Hablo francés y español.
5. Soy del País Vasco.
6. El tren tiene la llegada a las 7.56.
7. Me llamo Francisca Ezquerra.
8. Estudio alemán con Sandra y Ramón.

10. ¿A qué hora empieza... ?

¿Qué hay a las diez de la noche en la televisión?
¿A qué hora empiezan las noticias?

la pelicula
la pelicula policíaca
la comedia
las noticias

TVE 1

06.00 Canal 24 horas
07.30 Telediario matinal
08.30 TPH club
09.00 El loco mundo de Tex Avery
09.30 Digimon
10.00 Tiny Toons
10.15 Una chica explosiva
10.45 Reporteros con clase
11.15 Los Rompecorazones
12.15 Xena, la princesa guerrera
13.10 Los vigilantes de la playa en Hawaii
14.00 Informativo territorial
14.30 Corazón de Primavera
15.00 Telediario-1
16.05 El secreto
16.35 Terra Nostra
18.45 El precio justo
20.00 Gente
21.00 Telediario-2
22.00 Humor se escribe con hache
01.30 Telediario-3
01.55 Michael Hayes
02.45 Corazón de Primavera (R)
03.15 Nano
05.30 Gente (R)

LA 2

06.30 Federrico
07.00 España solidaria
08.00 Tierra a la vista
09.00 Indico II «India y Bangladesh»

ANTENA 3

07.00 Historias de Infoville
07.30 Club Megatrix (ST) Incluye: «Equipo con clase», «Rescue heroes», «Marsupilami», «Pandilla sobre ruedas», «Punky Brewster», «Salvados por la campana», «Cosas de hermanas», «Gemelas de Sweet Valley»
13.30 Hermanos de leche
14.00 Sabrina (ST)
14.30 Los Simpson (ST)
15.00 Antena 3 Noticias 1
16.00 Sabor a ti
19.15 Ahora
20.00 Pasa palabra (ST)
21.00 Antena 3 Noticias 2 (Incluye sorteo cupón ONCE)
22.00 Maratón Compañeros Lo mejor de la serie seleccionado por la audencia

22.00 ACCIÓN CINCO ESTRELLAS

«SIN ESCAPE» (ST)
★★★/+13/Acción/95 min. (1993) Norteamericana. Dirección: Robert Harmon. Intérpretes: Jean Claude Van Damme, Rosanna Arquette, Kieran Culkin.
Sam escapa del autobús que le lleva a la prisión y se refugia en la granja de una viuda con dos niños. Entre ellos surge una fuerte atracción y Sam la ayudará cuando un granjero cercano amenace con quitarle las tierras.

J. Claude van Damme y Roseanne Arquette

24.00 Crónicas marcianas

15.45 Guia del oceans per a aquanautes
16.35 Campions de la Natura (ST)
17.00 Club Súper 3
18.55 Sputnik
19.30 Tot l'esport
20.20 Stargate
21.00 Bàsquet
22.45 Àgora
00.25 Fem empresa
01.10 Pel.lícula «LA BÈSTIA HUMANA»
02.50 La revista de l'espectacle
03.15 Guia dels oceans per a aquanautes

CANAL 9

07.30 Babalà
09.00 A primera hora
09.45 En línia
10.15 En companyia de Salomé

10.45 SESSIÓ MATINAL

«MI NOVIO HA VUELTO»
★★/TP/Comedia/90 min. (1989)

13.00 En casa de Bàrbara
13.30 El Gran Parchís
14.00 Notícies 9
15.30 La música és la pista
16.05 Tela marinera
17.30 Punt de mira

18.15 CINE DE L'OEST

«OJOS VERDES, RUBIA Y

21.10 Bertatik Bertara
21.40 Goenkale
22.25 Hasiberriak
22.55 Komediante modura
00.05 Hego Zoroak
00.30 Smith eta Jones
01.00 Bakarrik

ETB 2

07.25 Del país de los vascos
07.50 Palabra de ley
08.20 Café co-media
09.30 El punto
10.00 Forum
10.30 Vida salvaje
10.45 Clásicos en serie
12.35 La cocina de P. Subijana
12.50 Los Ángeles de Charlie
13.40 Euskadi directo
14.00 El príncipe de Bel-Air
14.28 Teleberri
15.20 Lo que faltaba

18.35 CINE 2

«WICHITA»

11. Relacione.

¿Es usted la señora Sara de Lafuente?	Lo siento, no hablo español.
¿Eres francesa?	Son las 9.45.
Buenos días.	Velázquez.
¿Qué hora es?	Buenos días.
Hola. ¿Qué tal?	No, no soy yo.
¿Cómo se llama de apellido?	No, soy italiana.
¿Puede decirme dónde hay una parada de autobús?	Muy bien, gracias.

12. Ejercicio de acentuación

Oiga las palabras y ponga los acentos necesarios.

la suela — el huesped — la nuez — el diente — el dia — la leccion — aleccionar — viable — la via — la huida — la malicia — la picardia — el baile — el maiz — el baul — maullar — el frio — la miopia — el huerfano — el huevo

13. Redacción

fin de semana — autobús — salir — entradas — comprar — concierto — ir en coche

14. Complete las frases.

1. Luis y Alberto . . . . de excursión este fin de semana porque no . . . que . . . el lunes.	poder — salir tener — trabajar
2. (Ellos) . . . a Ribes, un pueblo pequeño de los Pirineos para . . . unos días en las montañas.	ir — pasar
3. Los billetes de ida y vuelta . . . 900 pesetas.	costar
4. En Barcelona . . . mucha contaminación y por eso . . . . . . aire puro en las montañas.	haber — querer — respirar
5. Luis y Alberto . . . el sábado por la mañana.	salir
6. (Ellos) . . . hasta las 5 de la mañana y ... el autobús a las 5.30.	dormir — coger
7. El tren . . . a Ribes a las 7.55.	llegar
8. Ana . . . sólo un poco italiano, pero lo . . . muy bien.	hablar — entender

15. Crucigrama

Utilice las vocales (A, E, I, O, U) para completar el crucigrama.

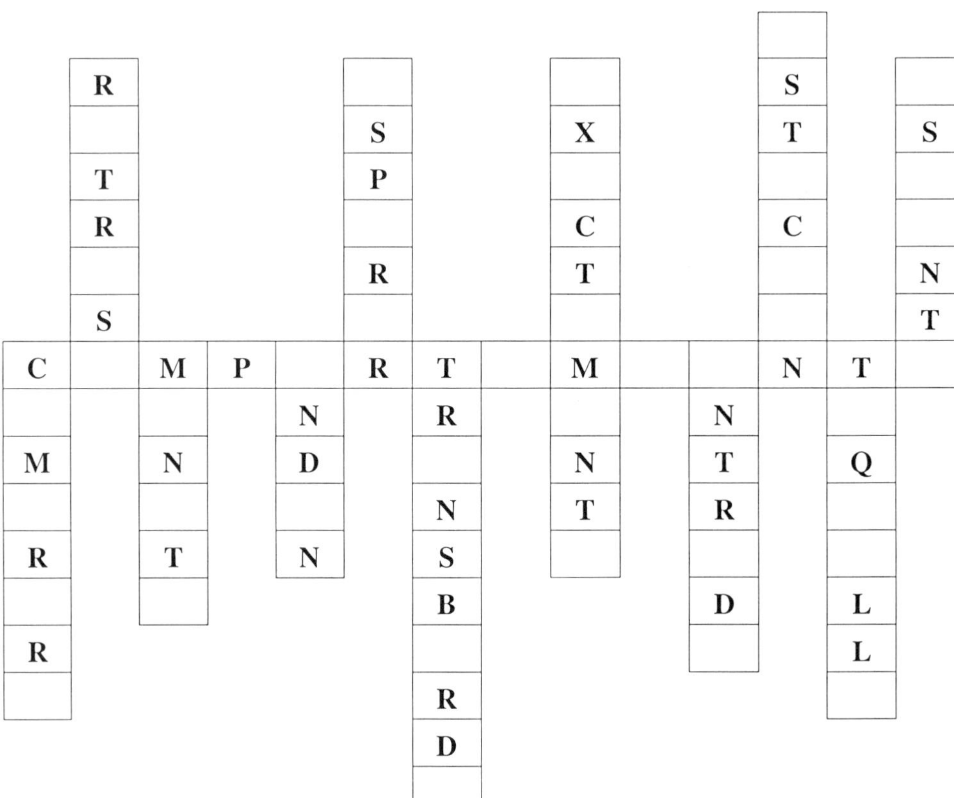

16. Pregunte a su compañero.

¿Qué hora es?
¿A qué hora llega el tren?

17. La naturaleza y sus leyes

Describa la historieta

Aus: e.o. plauen, «Vater und Sohn», Gesamtausgabe Erich Ohser. © Südverlag GmbH / Konstanz, 2000: Mit Genehmigung der Gesellschaft für Verlagswerte GmbH, Kreuzlingen, Schweiz

18. Complete las frases.

1. Los días de la semana son . . ..
2. En el tren Luis y Alberto encuentran . . . un señor de cierta edad.
3. Carmen quiere ir . . . concierto . . . Alfonso.
4. En los Pirineos . . . pueblos . . . pequeños.
5. Viajar . . . tren es agradable.
6. Voy . . . supermercado . . . comprar leche . . . pan.

La familia Gómez

1. Lea el texto «La familia Gómez» y corrija el contenido de las frases.

1. Montserrat y Ana son dos estudiantes de filología alemana y estudian en la universidad de Burgos.
2. Gerona es una provincia de Aragón.
3 Los Gómez son de un pueblo de Córdoba y están en Barcelona desde hace algunos meses.
4. El señor Gómez trabaja en la Estación del Norte.
5. La señora Gómez vende productos cosméticos en un supermercado.
6. Montserrat ha comido en casa de los Gómez. El señor Gómez ha preparado una pizza riquísima.
7. La señora Gómez tiene mucho tiempo porque tiene un sólo hijo y ya no va a la escuela.
8. El hermano de Ana no tiene hijos.
9. Ana es madrileña.
10. Dos hijos de los Gómez han estado dos semanas en Santiago de Compostela.
11. La ciudad de Barcelona ha pagado la excursión.
12. La familia Gómez es una familia triste.

2. Ponga las siguientes frases en el pretérito perfecto.

1. Julia va al teatro para comprar las entradas.
2. Rafael no está en la universidad.
3. Luis y Carmen juegan al tenis.
4. Asunción lee «La secreta enamorada».
5. Felipe escribe una carta de amor.
6. Juan vuelve a casa.
7. Pablo va al banco para sacar dinero.
8. No se levanta hasta las diez.
9. Vamos al bar y tomamos un café.
10. Vais al concierto. La orquesta toca obras de Granados y de Falla.
11. Este fin de semana no salen de excursión.
12. María Antonia no quiere venir con nosotros.
13. Rosario abre la puerta.
14. Tina no escribe la carta.

3. *Lea detenidamente el texto «La familia Gómez» y describa a tres de las personas que aparecen en él.*

4. *Ponga los artículos donde sean necesarios.*

1. . . . señor Pardo no está en este momento en . . . oficina.
2. Nos vemos todos . . . sábados.
3. ¿. . . señora Carrasco, puede decirme qué hora es?
4. La reunión es a . . . seis en punto.
5. En casa, . . . domingos comemos todos juntos.
6. Las tapas de este bar no son muy buenas, me gustan más las de . . . otro.
7. . . . subida de la Bolsa se confirma.
8. No he podido hablar con él porque no está en . . . casa.
9. No ha padido vender . . . 25 % del último modelo.
10. Es un especialista de . . . España medieval.
11. . . . que has comprado esta mañana están más frescos.
12. Hoy no tengo . . . tiempo.

5. *Diálogo en la recepción de un hotel*

Emplee los posesivos necesarios.

Matrimonio:	Por favor, ¿cuál es el número de . . . habitación?
Recepcionista:	. . . habitación es la 314.
Matrimonio:	¿Y la de . . . hijos?
Recepcionista:	La . . . es la 315. ¿Lleva . . . DNI (Documento Nacional de Identidad)?
El marido a la mujer:	Ana, yo no llevo el . . . ¿Llevas tú el . . .?

6. *Forme seis frases uniendo un elemento de cada columna.*

A pesar de	madre	cuatro días	gana	una familia	fantástica
La	casa	en	una	desde hace	el padre
En	estado	la familia Gómez	en	dinero	montaña
Han	chicos	solamente	todavía	paella	la escuela
Ana	algunos problemas	no van	es	a	seis meses
Los	vive	ha preparado	Barcelona	la	feliz

7. Sopa de letras

Localice en la sopa 13 vocablos de la lección 7, teniendo en cuenta que se pueden leer de izquierda a derecha, de derecha a izquierda, de arriba abajo y de abajo arriba.

B	O	A	L	E	U	C	S	E
F	E	L	I	Z	V	O	F	A
O	T	R	E	I	C	C	U	E
A	P	E	R	I	T	I	V	O
I	R	O	P	A	M	N	G	L
C	A	S	A	C	S	E	Q	U
N	H	I	D	I	L	R	O	S
I	T	F	M	R	W	A	A	O
V	J	G	E	B	U	I	S	T
O	C	I	T	A	P	M	I	S
R	I	E	A	F	E	E	R	A
P	U	B	O	A	S	S	T	G

8. Complete con formas del presente o del pretérito perfecto.

Presente	*Pret. Perfecto*
hago	
	ha trabajado
	he salido
preparamos	
ponéis	
	han escrito
ves	
	has abierto
trabajan	
pongo	
	habéis comido
veo	
vuelven	
	hemos vivido
haces	
	he abierto
escribimos	
digo	

9. Defina las palabras.

1.	lavaplatos	A.	sitio donde llegan y salen los aviones
2.	paella	B.	parte del cuerpo con cinco dedos
3.	sacacorchos	C.	lugar para la corrida de toros
4.	arena	D.	plato nacional de España
5.	mano	E.	madre de la madre
6.	verano	F.	medio de transporte con dos ruedas
7.	abuela	G.	máquina para lavar platos
8.	bicicleta	H.	utensilio para abrir una botella de vino
9.	aeropuerto	I.	tiempo en el que hace mucho calor
10.	dado	J.	un cubo con números de 1 a 6

10. Se buscan los verbos o substantivos.
(Pueden emplear el diccionario.)

Verbos	*Substantivos*
	el viaje
cenar	
vivir	
	el /la estudiante
trabajar	
	la venta
comprar	
desayunar	
	la bebida
	la salida
bañarse	
	la pregunta
llegar	
	la parada
	la entrada
interpretar	
	la visita
	el juego
	la busca

11. Ser — estar — hay

1. Hoy . . . martes y el restaurante . . . cerrado.
2. Felipe . . . enfermo y sus padres . . . tristes.
3. El cielo . . . toda la semana azul, pero hoy . . . gris.
4. La señora Muñoz . . . peruana y . . . periodista.
5. Mi novio . . . de Salamanca, pero ahora . . . en Linares de Río Frío.
6. La Casa Rosada . . . en Buenos Aires. Buenos Aires . . . una ciudad muy interesante.
7. En Hamburgo . . . un puerto muy importante. Hamburgo . . . en la costa del Mar del Norte.
8. Mi coche . . . un SEAT, . . . fabricado en Barcelona que . . . la capital de Cataluña.
9. ¿Quién . . . García Márquez? . . . escritor y . . . colombiano, ahora . . . en Venezuela.
10. Elena y Carmen . . . buenas amigas, . . . en mi oficina y . . . muy simpáticas.
11. Juan tiene 89 años, . . . viejo, pero . . . bien conservado.
12. Su coche . . . bueno, pero . . . averiado y la reparación . . . muy cara. ¡. . . una pena!

12. Madre de familia

13. Busque los contrarios.

correcto — alto — bueno — viejo — largo — sucio — pequeño — lejos — nuevo — rápido — gordo — estrecho — blanco — oscuro

1. antiguo — . . .
2. grande — . . .
3. malo — . . .
4. lento — . . .
5. claro — . . .
6. falso — . . .
7. joven — . . .
8. negro — . . .
9. limpio — . . .
10. cerca — . . .
11. bajo — . . .
12. ancho — . . .
13. corto — . . .
14. delgado — . . .

14. Campanas de Belén

Campana sobre campana

Villancico de Andalucía

Campana sobre campana
y sobre campana una,
asómate a la ventana,
verás al Niño en la cuna.
Belén, campanas de Belén,
que los ángeles tocan:
¿Qué nueva me traéis?

Recogido tu rebaño,
¿adónde vas pastorcito?
Voy a llevar al Portal
requesón, manteca y vino.
Belén, campanas de Belén,
que los ángeles tocan:
¿Qué nueva me traéis?

Campana sobre campana
y sobre campana dos,
asómate a la ventana
porque está naciendo Dios.
Belén, campanas de Belén,
que los ángeles tocan:
¿Qué nueva me traéis?

Caminando a media noche,
¿dónde caminas pastor?
Le llevo al Niño que nace
como a Dios mi corazón.
Belén, campanas de Belén,
que los ángeles tocan:
¿Qué nueva me traéis?

Campana sobre campana
y sobre campana una,
asómate a la ventana
verás al Niño en la cuna.
Belén, campanas de Belén,
que los ángeles tocan:
¿Qué nueva me traéis?

Recogido tu rebaño,
¿adónde vas pastorcito?
Voy a llevar al portal
requesón, manteca y vino.
Belén, campanas de Belén,
que los ángeles tocan:
¿Qué nueva me traéis?

Campana sobre campana

Andalucía

Allegro moderato

Carmen desea ir a Sudamérica

1. Complete las frases con algo, alguien, alguno, nada, nadie o ninguno.

1. —Disculpe, ¿hay . . . farmacia por aquí?
   —No, por aquí no hay . . . farmacia?
2. —¿Conoces a . . . de este pueblo?
   —No, no conozco a . . . de aquí.
3. —¿Hacen . . . descuento para estudiantes?
   —No, no hacemos . . . descuento.
4. —¿Quieres . . . para beber?
   —No, no quiero . . . .
5. —¿Habla Luis . . . lengua extranjera?
   —No, no habla . . . lengua extrajera.
6. —¿ . . . de ustedes sabe donde está la Estación?
   —No, no somos de aquí.
7. —¿Sabes . . . de él?
   —No, no sé . . . de él.
8. —¿Tienes . . . diccionario de español?
   —No, yo no tengo . . . diccionario de español.
9. —¿Has dicho . . . ?
   —No, no he dicho . . . .

2. El español en el mundo

Después del chino y del inglés, el castellano es el idioma más hablado del planeta. Para unos 260 millones de personas el español es segunda lengua y cerca de 300 millones lo tienen por lengua materna. La extensión geográfica del español es también enorme: es hablado en España, en América Latina, en el suroeste de los EEUU, en dos ciudades de África del norte y también, aunque cada vez menos, en las Filipinas.

Subraye los nombres de los países en los que no se habla castellano.

Bolivia	Venezuela	Guayana	Uruguay
Panamá	Cuba	Nicaragua	Ecuador
Perú	Méjico	El Salvador	Brasil
Chile	Argentina	Paraguay	Colombia
Honduras	Costa Rica	Guatemala	Belice

3. *¿El o un?*

1. Las mujeres reciben entre . . . 15 por ciento y . . . 30 por ciento menos que sus compañeros de trabajo varones por el mismo trabajo.
2. Entre los españoles hay . . . 13,09 por ciento de parados, mientras que entre las españolas es . . . 26,6 por ciento.
3. Las europeas constituyen . . . 31 por ciento del total de personas en edad laboral confinadas a la reserva con estudios secundarios y superiores, mientras que los hombres son sólo . . . 15 por ciento.
4. En Europa, hay 17 millones de pequeñas y medianas empresas y sólo . . . 30 por ciento las dirigen mujeres.

4. *Escriba con todas las letras los ordinales contenidos en las frases siguientes.*

1. Juan Carlos I es el rey de España.
2. Luis XIV es un rey francés muy conocido.
3. El nombre de Carlos III está en muchos monumentos de Madrid.
4. Dicen que Luis XI es el rey más cruel de la historia francesa.
5. Algunos dicen que el siglo XV es el punto culminante de la historia española.
6. Ya estamos en el siglo XXI.
7. Isabel II no tiene la fama de Isabel I.
8. Es en tiempos de Alfonso II el Casto, cuando se descubre el sepulcro de Santiago.
9. Alfonso X, recibe el apelativo de «el Sabio».

5. *Números ordinales*

Pregunte a su compañero.

—Por favor, ¿tiene la amabilidad de decirme dónde vive la señora Sabatini?

—. . . . .

—¿Y el Sr. . . . .?

	ESCALERA IZQUIERDA		*ESCALERA DERECHA*	
	A	*B*	*A*	*B*
4^0	Vargas Losa	Antonio Banderas	Juan Carlos Yiñas	Torrente Ballester
3^0	Miguel Delibes	José Aznar	Paloma Picasso	Alfonso Sastre
2^0	García Márquez	Carlos Santos	José Cela	Salvador Dalí
1^0	Gabriela Sabatini	Juán Miró	Francisco López	Pablo Picasso

6. Pronombres posesivos

Traduzca.

1. Das ist ihre Gitarre.
2. Das ist mein Handy (teléfono móvil).
3. Carmen und María sind seine Schwestern.
4. Das sind seine Zeitschriften.
5. Corvin wechselt seine Euros in Dollar.
6. Ihr Haus ist in der Nähe der Straße Prado del Rey.
7. Lernt deine Freundin auch spanisch?
8. Wir spielen Fußball mit unseren Freunden.
9. Meine Tochter ist nicht zu Hause.
10. Wie ist deine Telefonnummer?
11. Eurer Telefon klingelt (sonar)
12. Ist das Ihr Koffer?

7. Complete la tabla.

Infinitivo	*Presente de indicativo*	*Pretérito perfecto*	*Futuro próximo*
	dispongo		
		hemos escogido	
			van a freír
		han conocido	
	perteneces		vas a hacer
		habéis dicho	
	escribimos		
		han contado	
			voy a ir
		he sabido	
	piensan		
		he salido	
			van a traer
	dicís		
			vamos a volver

8. Frases hechas y «semihechas»

poner — tener — jugar — hacer — dar — tomar — ir — estar — cambiar — volver

1. . . . un vaso de leche
2. . . . la mesa
3. . . . frío
4. . . . las maletas
5. . . . de coche
6. . . . la vuelta
7. . . . al voleibol
8. . . . a pie
9. . . . a casa
10. . . . de mal humor

9. Pronombres relativos

Complete las frases.

1. No tengo nada . . . decirte.
2. La pesca es la actividad de . . . viven muchos gallegos.
3. El compositor de . . . hablas vive ahora en Viena.
4. La novela . . . me has dejado me gusta mucho.
5. El señor con . . . acabo de hablar es mi profesor de latín.
6. En la región en . . . vivimos no llueve casi nunca.
7. La calle en . . . viven está cerca de la catedral.
8. Estas son las excusas . . . ha aducido para no tomar parte en el cursillo.
9. Rosario hace todo . . . le dicen.
10. Este es el motivo por . . . no he podido hablar con él.
11. Evaristo nunca cumple . . . promete.
12. Mi padre dice que los jóvenes de hoy no saben . . . quieren.
13. Conozco a un señor para . . . la carrera de sus hijos es lo más importante de su vida.
14. . . . han (hayan) terminado pueden salir.
15. No sé . . . significa esta palabra.
16. . . . acabas de decir es muy importante.
17. Los libros . . . están en la mesa son de don Paco.

10. Ser — estar

1. Con todas las preocupaciones que tengo no . . . para fiestas.
2. No sé si Vd . . . de acuerdo conmigo.
3. Debes . . . consciente de tus responsabilidades.
4. Siempre . . . complicado . . . tomar la decisión adecuada.
5. Dicen que (nosotros) . . . predeterminados a repetir los mismos errores.

6. Luciano y José Andrés . . . inseparables.
7. Yo no . . . en contra de la celebración de esta fiesta.
8. Mi abuela . . . vieja pero ¡qué joven . . .!
9. El camino de la paz . . . lleno de dificultades.
10. Pienso que ya . . . tarde para salir.
11. Por . . . de viaje, el señor director no . . . el jueves que viene.
12. ¿Ya . . . [tú] mejor?

11. Ejercicio de léxico

Escriba con la ayuda del diccionario los substantivos que pueden corresponder a los siguientes verbos.

aprender	. . .	aprovechar	. . .	comer	. . .
contar	. . .	conversar	. . .	cuidar	. . .
discutir	. . .	encontrar	. . .	enseñar	. . .
entender	. . .	esperar	. . .	estudiar	. . .
exagerar	. . .	explotar	. . .	expulsar	. . .
fabricar	. . .	formar	. . .	funcionar	. . .
invitar	. . .	modernizar	. . .	morir	. . .
pensar	. . .	poblar	. . .	poseer	. . .
producir	. . .	replicar	. . .	responder	. . .
saber	. . .	solucionar	. . .	trabajar	. . .

12. Lectura comentada

Al colegio

Vamos cogidas de la mano en la mañana. Hace fresco, el aire está sucio de niebla. Las calles están húmedas. Es muy temprano.

Yo me he quitado el guante para sentir la mano de la niña en mi mano, y me es infinitamente tierno ese contacto, tan agradable, tan amical, que la estrecho un poco emocionada. Su propietaria vuelve hacia mí la cabeza y con el rabilllo del ojo me sonríe. Sabe perfectamente la importancia de este apretón, sabe que estoy con ella y que somos más amigas hoy que otro día cualquiera.

Viene un aire vivo y empieza a romper la niebla. A todos los árboles de la calle se les caen las hojas, y durante unos segundos corremos delante de una lenta lluvia de color tabaco.

—Es muy tarde, vamos.

—Vamos, vamos

Al colegio, le digo, no se puede ir en taxi. Hay que correr un poco por las calles, hay que coger el metro, hay que caminar luego, en un sentido determinado, a un autobús. Es que yo he escogido un colegio muy lejano para mi niña, esa es la verdad; un colegio que me gusta mucho pero que está muy lejos... Sin embargo, yo no estoy impaciente hoy y la niña lo sabe. Es ella ahora la que inicia una caricia tímida con su manita dentro de la mía; y por primera vez me doy cuenta de que su mano de cuatro años es igual a mi mano grande: tan decidida, tan poco suave, tan nerviosa como la mía. Sé por ese contacto de su mano que le late el corazón al saber que empieza su vida de trabajo en la tierra, y sé que el colegio que le he buscado le gustará, porque me gusta a mí, y que aunque esté tan lejos, le parecerá bien ir a buscarlo cada día conmigo, por las calles de la ciudad.

Ana María Matute

13. El nuevo sistema escolar

Desde la reforma de 1990 coexisten dos sistemas. En 1997 entra en vigor la reforma. A partir del año 2000, sólo queda el nuevo sistema.

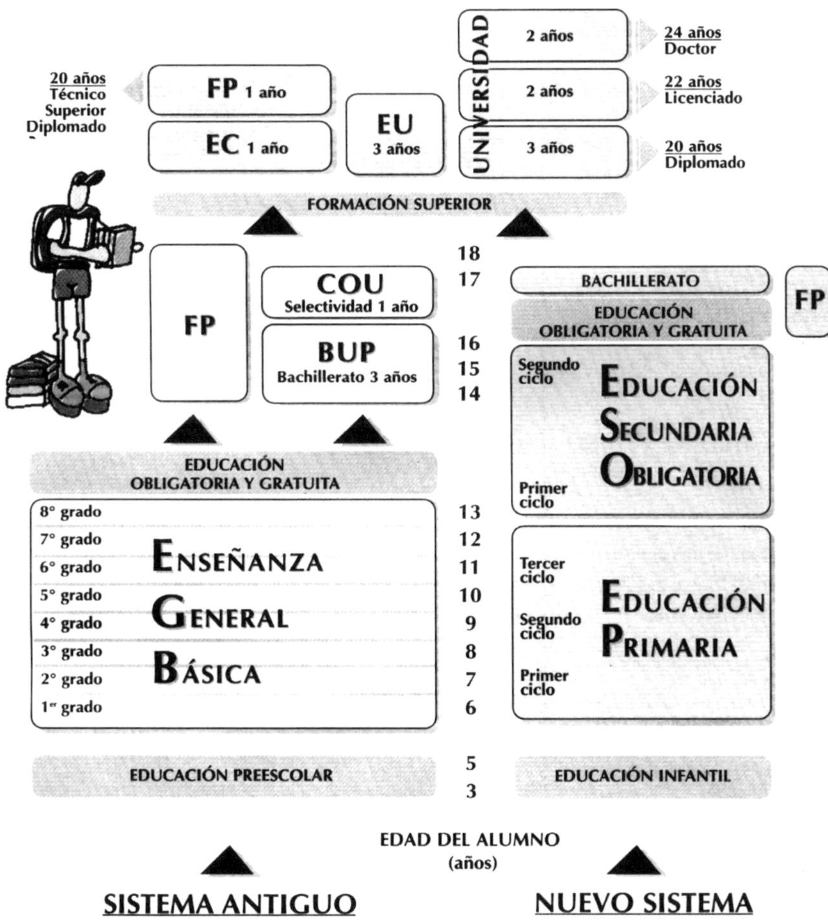

BUP	Bachillerato Unificado Polivalente	**FP**	Formación Profesional
COU	Curso de Orientación Universitaria	**EC**	Enseñanzas Complementarias
EU	Escuelas Universitarias		

Claridad, F.F. Martorana, 1998

El cumpleaños de Carmen

1. ¿Correcto o falso?

1. Carlos vive en el centro de Madrid.
2. Carlos lee un libro en su habitación.
3. Alberto tiene que trabajar este fin de semana.
4. Carlos lee una novela de Delibes.
5. Unamuno es un gran escritor gallego.
6. Carmen quiere celebrar su cumpleaños en un bar que está cerca de su casa.
7. A Carmen le gusta leer un libro de Unamuno.
8. Alfonso y Carmen quieren comprar el libro «El tío Tulo» para Carmen.
9. El libro cuesta unos quince euros.
10. Compran el libro en el supermercado de la esquina.

2. Substituya las palabras subrayadas por un pronombre.

1. ¿Ya has comprado los libros?
2. Carla no quiere decir lo que le pasa.
3. Espero a mi hermana.
4. ¿Has podido instalar el programa?
5. Santiago va a comprar el periódico.
6. El profesor ha recomendado esta novela a sus alumnos.
7. Aún no hemos comprado las entradas.
8. ¿No has traído los apuntes?
9. Voy a preguntar a esta señora dónde está la calle.
10. Hemos llevado el coche al taller.
11. El camarero va a traer las cervezas.
12. Hemos mandado un e-mail a unos conocidos.
13. Queremos comprar un regalo para Alberto.
14. No quiere celebrar su cumpleaños en su casa.
15. ¿Todavía no has comprado el diccionario?

3. Los gustos de Enrique

Complete el texto. Puede consultar el diccionario, si es necesario.

A Enrique le (gustar) pasar los fines de semana en casa, (ir) a ver una película el viernes o el sábado a la noche y después (entrar) en un bar a tomar un café y (hablar) de la película. (Detestar) las salidas al aire libre y le (molestar) el sol, pero le (gustar) bañarse en el mar.

Le (gustar) dejar la cama desarreglada y un libro abierto, boca abajo, sobre la almohada. Siempre (estar) leyendo algo y (saber) mucho sobre muchas cosas: historia, política, literatura en general y ciencia ficción en particular, economía, ciencias. No le (interesar) lo que (decir) el horóscopo del día sobre su signo.

Le (gustar) bañarse con buenos jabones y (elegir) con cuidado el perfume del desodorante. Le (gustar) tener un buen equipo de audio, pero lo (usar) poco. (Preferir) la música instrumental a la vocal, le (encantar) los tangos y es gran amante del jazz. (Ser) bibliófilo y acumulador de libros y revistas actuales y antiguas.

Le (gustar) las carnes bien preparadas, la fruta, en especial las bergamotas en invierno y la sandía en verano, las carnes al horno, las pastas, el dulce de batata con queso fresco y los postres con chocolate. Le (gustar) los tintos, el cerdo con salsa agridulce de la cocina china y el arroz con mariscos de la cocina vasca.

No le (gustar) practicar deportes, pero (ser) buen caminador y cuando (jugar) a la pelota en la playa se lo (ver) rápido y elástico. (Dar) la impresión de que lo (hacer) todos los días. Al rato de acostarse (sacar) los pies afuera de las mantas. Le (gustar) mirar series policiales, box y fútbol por televisión.

Alicia Steimberg, El árbol del placer

4. El laberinto de preposiciones

Isabel es una amiga . . . Montse que vive . . . Toledo. Isabel ahora tiene vacaciones y ha ido . . . Toledo . . . tren . . . visitar a Montse. Su tren ha salido . . . las 7.30. Isabel quiere pasar el lunes, el martes y miércoles . . . Montse. Son las diez . . . la mañana y Montse ya ha preperado el desayuno . . . Isabel. Ahora Montse espera . . . Isabel . . . la sala de estar. A las diez y cuarto Isabel llega . . . casa de Montse. Ellas desayunan y hablan . . . las últimas novedades. Isabel ahora trabaja . . . un supermercado y vende productos cosméticos. Montse es estudiante . . . medicina y estudia . . . Madrid. Montse habla de . . . su excursión . . . su novio Carlos . . . agosto. Ellos han ido . . . pasar unos días . . . la Costa Dorada.

5. *Ejercicio de léxico*

estudiar dar jugar escuchar ver ir subir hacer abrir decir llegar salir

1. *estudiar* medicina
2. . . . un paseo
3. . . . al voleibol
4. . . . música
5. . . . la televisión
6. . . . al cine
7. . . . al tren
8. . . . las maletas
9. . . . la ventana
10. . . . la verdad
11. . . . a la estación
12. . . . a las 10.30

Adivinanza

Madonna no tiene.
El Papa no lo usa.
Busch lo tiene corto.
Schwarzenegger lo tiene largo.
—¿Sabes que es?

6. *Complete la tabla.*

Infinitivo	*Pasado reciente*	*Pretérito perfecto*	*Presente indicativo*
			dicen
		hemos regresado	
	acaba de encontrar		
		han invitado	
			entregáis
		he sabido	
			celebramos
			comprendes
		han prerstado	
		he salido	
	acabas de preguntar		
		he conocido	
	acabamos de ver		
			ponen
			traemos

7. Se buscan los días de la semana.

A	*R*	*D*	*O*	*M*	*I*	*N*	*G*	*O*	*J*
S	*U*	*D*	*M*	*A*	*R*	*I*	*H*	*N*	*A*
T	*M*	*I*	*E*	*R*	*C*	*O*	*L*	*E*	*S*
I	*I*	*R*	*I*	*T*	*O*	*D*	*U*	*L*	*A*
J	*U*	*E*	*V*	*E*	*S*	*Y*	*N*	*E*	*B*
U	*M*	*N*	*A*	*S*	*T*	*P*	*E*	*G*	*A*
V	*V*	*I*	*E*	*R*	*N*	*E*	*S*	*U*	*D*
E	*A*	*C*	*H*	*I*	*L*	*L*	*O*	*M*	*O*

8. Analice las frases siguientes. Después conjugue los verbos que están entre paréntesis.

1. En la Costa del Sol se (vender) y se (alquilar) muchísimos apartamentos.
2. Desde la calle se (oír) a los niños que juegan en el patio.
3. Todavía no se (saber) nada de sus investigaciones.
4. Aquí se (necesitar) a alguien con don de gentes.
5. Opino que no se (pagar) demasiado a las empleadas.
6. Cuando está despejado el cielo, se (divisar) unos islotes a lo lejos.

9. . Complete el texto en el presente.

[Yo] (llamarse) Maite y (ser) de un pueblo de San Sebastián. (Vivir) en la Castellana, en el centro de Madrid. No (estar) casada, aunque (salir) con un chico que (llamarse) Ramón. En realidad, mi familia (proceder) del País Vasco, así que en casa [nosotros] (hablar) euskera. [Yo] (tener) veintitrés años y (estar) a punto de acabar mis estudios. De momento, los exámenes no me (ir) muy bien. [Yo] (esperar) mejorar un poco, porque si (repetir) otra vez curso, mis padres... [Vosotros] me (entender), ¿verdad? Lo peor (ser) que mi hermano Xabier (sacar) muy buenas notas. [Yo] no (saber) cómo lo hace. Yo no (parecerse) a él. En realidad, me (costar) mucho aprobar y [yo] no (tener) mucho tiempo para estudiar. ¡En fin, la vida (ser) dura!

10. Ejercicio de lectura o traducción

Los organismos modificados genéticamente

La Ingeniería Genética se está convirtiendo en una industria de enormes dimensiones, uno de cuyos campos de aplicación más preocupante es la alimentación, la producción de alimentos e ingredientes alimentarios a partir de organismos modificados genéticamente.

La Ingeniería genética ha roto los límites naturales, permitiendo el intercambio de genes entre especies totalmente diferentes, a pesar de que se desconocen los riesgos de estos experimentos para la salud humana y el medio ambiente.

Las investigaciones de las multinacionales biotecnológicas están destinadas a obtener nuevas variedades de cultivos más resistentes a las herbicidas, por lo que su obtención incrementa la utilización de tóxicos pesticidas que contaminan el agua, el suelo y la atmósfera.

El riesgo para el medio ambiente de estos organismos modificados genéticamente es evidente ya que al haberlos creado resistentes a las herbicidas se incrementa la utilización de productos contaminantes. Por otra parte, sus genes pueden pasar a otras especies convencionales y silvestres provocando una contaminación genética de consecuencias desconocidas.

La Insignia, 28-4-91

11. Describe la historieta con la ayuda de las palabras siguientes.

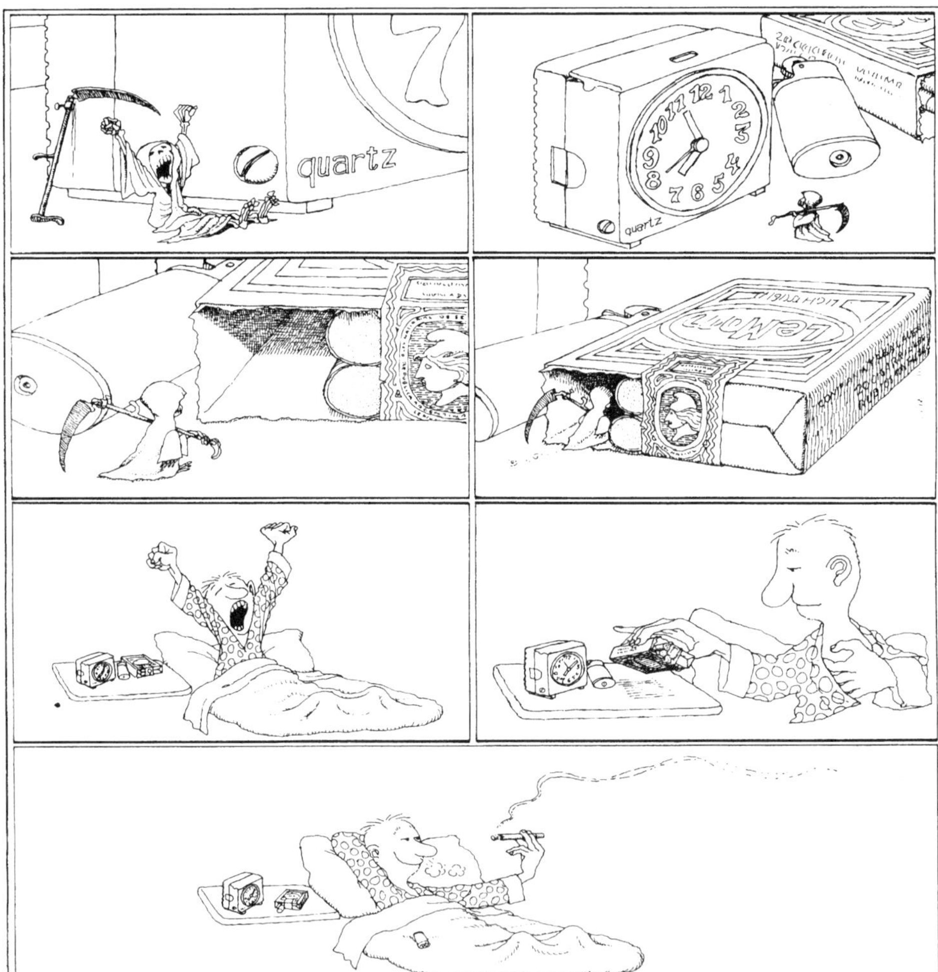

fumar — la muerte — el despertador — la guadaña — los cigarrillos

De viaje

1. Substituya las palabras subrayadas por un pronombre.

1. El profesor quiere explicar a sus alumnos el ejercicio.
2. Me han reparado el coche.
3. Tienes que tener en cuenta que debemos llegar a tiempo.
4. ¿Nos ha traído los libros?
5. Tienes que mandarme su dirección.
6. Mira a su hijo con cariño.
7. Nos ha contado sus problemas.
8. Te puedes llevar estas cartas.
9. Se quita el abrigo.
10. Me repite la misma pregunta.
11. Se gasta todo el dinero que gana.
12. ¿Me has ido a comprar el bolígrafo?

2. Vamos de viaje

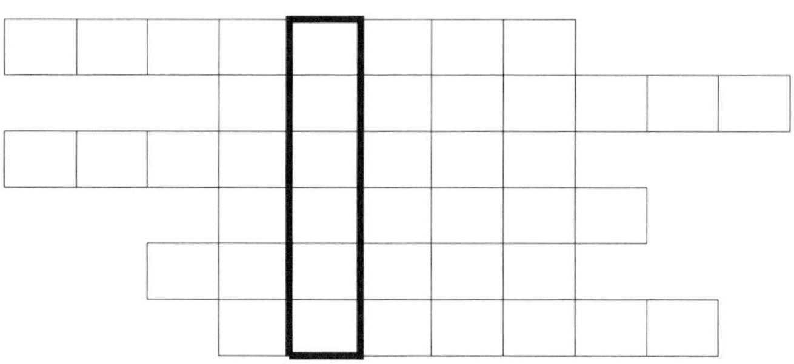

Carmen quiere sacar los . . . ..
Tienen que estar en la . . . a las siete.
El . . . está casi listo.
El tren tiene la . . . a las siete y cuarto.
. . . tienen que levantarse muy pronto.
Carmen tiene todas las . . . preparadas.

3. Calendario

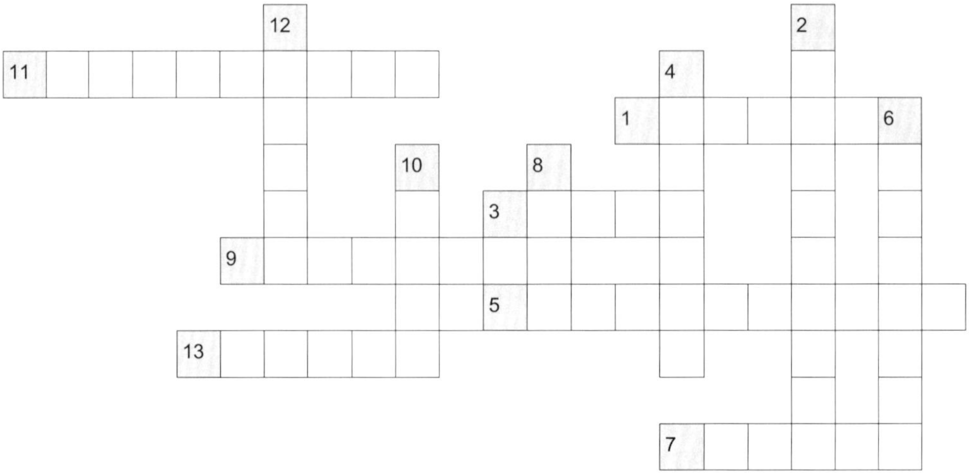

horizontal:

1 En . . . se celebra la famosa Feria de Sevilla.
3 El 1 de . . . es el día del trabajo.
5 Un mes del otoño.
7 El 6 de . . . vienen los Reyes Magos.
9 El . . . es un mes del otoño.
11 Un mes que sigue a octubre.
13. El séptimo mes del año.

vertical:

2 El 31 de . . . es la última noche del año.
4 En . . . también hace mucho calor.
6 El . . . tiene sólo 28/29 días.
8 En el . . . de julio muchos turistas de Europa pasan sus vacacciones en las playas de la Costa Blanca.
10 Un mes que sigue a mayo.
12 El tercer mes del año.

4. Futuro próximo

Ponga las frases en futuro próximo.

1. Le da la dirección de su nuevo piso.
2. Su madre le prepara el equipaje.
3. No puedo salir.
4. Le compramos la novela en la librería de la esquina.
5. El profesor nos explica el texto.
6. Te gusta mucho.

7. No podemos venir.
8. El tren se retrasa.
9. Su padre les compra un ordenador.
10. Voy a la estación.

5. Forme frases según el modelo.

Voy a despertar a Juan.
☞ *Le voy a despertar / voy a despertarle.*

1. Van a rebajar estos productos. — 2. Vamos a repartir las mercancías. — 3. Ha redactado la recension. — 4. Tenéis que devolver el video mañana. — 5. Vamos a difundir esta noticia. — 6. Voy a grabar este documental. — 7. Tenemos que desalojar el piso antes del jueves. — 8. Queremos comprar este ático. — 9. Vamos a ver a Álvaro. — 10. Vamos a correr las cortinas.

6. Complete empleando ser o estar.

1. . . . demasiado tarde para ir al cine.
2. Esta falda se arruga mucho porque . . . de lino.
3. Perdemos la paciencia porque ya . . . aquí desde hace más de media hora.
4. Los turistas que acaban de llegar al hotel . . . japoneses.
5. Nosotros . . . de Barcelona y ustedes . . . de Madrid pero todos . . . de viaje en Italia.

7. ¿Qué profesiones tienen?

estudiante — azafata — dentista — profesor — peluquera — médico — camarera — cocinero — secretaria — guía — bombero — taxista — agricultor — artista

1. Julio da clases de español en la escuela, es . . ..
2. Maribel se ocupa de los pasajeros del avión, es . . ..
3. Jaime es . . ., estudia historia del arte en la universidad.
4. Pedro es . . ., trabaja en un hospital.
5. Ana trabaja por la tarde en un bar, es . . ..
6. María corta el pelo a sus clientes, es . . ..
7. Carlos es . . ., trabaja en la cocina de un hotel.
8. Julia trabaja en una oficina, es . . ..
9. Jaime cuida los dientes a sus clientes, es . . ..
10. Joaquín lleva a los turistas por la ciudad, es un . . ..
11. Damián es . . ., apaga los incendios.

12. Ricardo conduce un taxi, es . . ..
13. Felipe es . . ., trabaja en el campo.
14. Pablo pinta cuadros, es . . ..

8. *Radioempleo*

Hola. Este radioempleo está dirigido íntegramente a empresas y negocios que necesiten cubrir algún puesto de trabajo. Entre los próximos demandantes que van a escuchar, puede estar la persona que usted busca.

Administrativo. ***Alicia Penón Seguín. 563136***
Soy Alicia y estoy interesada en trabajar llevando contabilidades o como secretaria ejecutiva. Todo esto por las mañanas y en las zonas de La Laguna, Puerto de la Cruz. Mi número de teléfono es el 56383. Por favor, llámenme en horario de 3 a 10 de la noche o mándenme un Email a mi correo electrónico Apenon@net.com

Seguridad. ***César Escobar Hernández. 290649***
Hola. Me llamo César. Estaría dispuesto a realizar cualquier tipo de trabajo de lunes a viernes. Tengo experiencia en seguridad. También como guardia, jardinero, canguro y realizando repartos publicitarios. Si usted está interesado en contratar mis servicios, póngase en contacto conmigo al número siguiente: 29 06 49.

Mecánico. ***Luis Manuel Hernández Pérez. 642572***
Me llamo Luis Manuel Hernández Pérez. Soy mecánico. Mi experiencia laboral es de quince años. Busco trabajo en el ramo de la mecánica, montaje industrial. Si desea contratarme, póngase en contacto conmigo en el 64 25 72. Gracias.

Dependienta. ***Nicheska López Delgado, 288587***
Hola. Me llamo Nicheska. Tengo veintiocho años y estoy buscando trabajo. Tengo experiencia como dependienta, auxiliar administrativo, cajera, telefonista. Tengo el carné. Si le interesa, puede llamarme al 28 85 87, en horario de tarde. Gracias

Auxiliar de Guardería. ***Candelaria Hernández Walló***
Me llamo María Candelaria. Soy auxiliar de guardería. Tengo experiencias y referencias. También he trabajado como dependienta. Estoy capacitada para realizar cualquier tipo de trabajo. Si alguien necesita mis servicios, ponerse en contacto conmigo en el número 68 54 55.

Radioempleo, Tenerife (sic)

Radioempleo.inem de Tenerife

Radioempleo es una alternativa en la búsqueda de un puesto de trabajo. La persona interesada sólo tiene que llamar al número de teléfono 23 98 67 de 15h a 20h.
Cinco alumnos presentan a los cinco demandantes de empleo.
¿Qué organismo publica estas demandas?
¿Le parece eficaz este tipo de actividades?
¿Por qué?
En su opinión, qué candidato va a tener más posibilidades de encontrar el empleo que demanda?
Justifique su respuesta.

Algunas profesiones

Formule una frase uniendo cada profesión con la actividad correspondiente.

1. La dependienta	a) vende medicamentos a los que los necesitan.
2. El mecánico	b) atiende a las personas que están enfermas.
3. El médico	c) construye casas.
4. El abogado	d) vende artículos en una tienda o supermercado.
5. El famaceútico	e) repara cualquier tipo de vehículos.
6. El albañil	f) defiende los derechos de los cuidadanos.

9. Forme ocho frases.

retrasarse *lavarse* *las noticias* *la maleta*
el examen *la salida* *la cámara*
diciembre *todo/a* *decidir* *a eso de*

10. Los meses (en grupo)

Die Schüler sitzen im Kreis. Die Aufgabe besteht darin, in der Gruppe die Monate aufzuzählen. Es gibt allerdings einige erschwerende, einschränkende Bedingungen:

- ☞ Die richtige Reihenfolge der Monate muss eingehalten werden.
- ☞ Es darf nur eine Person zur gleichen Zeit sprechen.
- ☞ Der linke und rechte Nachbar des gerade Sprechenden darf nicht den nächstfolgenden Monat nennen.
- ☞ Verbale oder nonverbale Absprachen oder Zeichen, wer die nächsten Monate sagen soll, sind verboten. Es wird auch nicht festgelegt, wer beginnen soll.
- ☞ Bei Verletzung einer Regel beginnt es wieder mit Januar.

11. Abrevie las frases siguientes.

1. El padre le da el dinero.
2. Te enseño la ciudad.
3. Nos compramos el coche.
4. Os aseguro que voy a estudiar.
5. Me pongo la chaqueta.
6. Luis se compra los cigarillos.
7. El camerero nos va a traer las bebidas.
8. Le ha escrito la carta.

12. Se buscan los nombres de los meses.

Q	*J*	*U*	*L*	*I*	*O*	*F*	*E*	*B*	*R*	*E*	*R*	*O*
U	*A*	*F*	*N*	*U*	*B*	*O*	*B*	*R*	*O*	*U*	*T*	*D*
I	*U*	*H*	*O*	*N*	*E*	*J*	*U*	*A*	*C*	*J*	*R*	*I*
M	*G*	*M*	*V*	*A*	*R*	*U*	*O*	*P*	*T*	*L*	*E*	*C*
A	*B*	*R*	*I*	*L*	*A*	*N*	*M*	*U*	*U*	*A*	*F*	*I*
Y	*U*	*S*	*E*	*P*	*T*	*I*	*E*	*M*	*B*	*R*	*E*	*E*
O	*L*	*G*	*M*	*E*	*V*	*O*	*R*	*I*	*R*	*U*	*D*	*M*
L	*A*	*A*	*B*	*R*	*R*	*D*	*E*	*N*	*E*	*R*	*O*	*B*
L	*M*	*A*	*R*	*Z*	*O*	*J*	*U*	*M*	*I*	*O*	*S*	*R*
A	*B*	*R*	*E*	*L*	*E*	*A*	*G*	*O*	*S*	*T*	*O*	*E*

13. Las ciudades más grandes de España

Clasificadas por el número de sus habitantes

						A			E				A
						A		E				A	
			I			A							
			Z			A							
				A		A		A					

14. Empleo de los pronombres personales

Forme frases según el modelo.

¿No me lo dices?
☞ *Claro que te lo digo.*

1. ¿Os lo han dicho?
2. ¿No vas a verlo?
3. ¿Me oyes?
4. ¿Has hecho <u>los deberes</u>?
5. ¿Os tenéis que levantar muy temprano?
6. ¿Lo has llamado por teléfono?
7. ¿No los quieres acompañar?
8. ¿Nos lo vas a decir?
9. ¿Te llevas <u>tu cámara</u>?
10. ¿Nos has sacado <u>los billetes</u>?
11. ¿Vas a leer <u>esta novela</u>?
12. ¿Ha terminado <u>los estudios</u>?
13. ¿Le has comprado <u>las flores</u>?
14. ¿Se ha quedado en casa?

15. Verbos reflexivos

Felipe (haberse acostado) muy tarde. A la mañana siguiente (despertarse) a las diez. A las diez y cuarto (levantarse) y (ducharse). Luego (afeitarse) y (peinarse). A las once menos cuarto (sentarse) en la cocina y desayuna. A las once y media (encontrarse) con Ana en la Puerta del Sol.

16. Números cardinales

¿cien, ciento, y o *(-)*?

1. Ya has leído *«100 (. . .) años de soledad»*?
2. Novecientos . . . noventa . . . nueve . . . mil . . . novecientos . . . noventa . . . nueve.
3. Mi abuelo tiene un amigo que va a cumplir los 102 (. . .).
4. Quinientos . . . tres.
5. Hemos encargado 100 (. . .) postales.
6. Treinta . . . tres . . . millones . . . seis . . . cientos . . . cuarenta . . . cuatro . . . mil . . . ciento . . . uno.
7. ¿Me puedes comprar 100 (. . .) folios?
8. Mil . . . trescientos . . . treinta . . . cuatro
9. Por aparcar he pagado 1,75 Euro.
10. quinientos . . . tres . . . millones . . . ciento . . . seis
11. 100 (. . .) y 100 (. . .) son doscientos.
12. A la manifestación han asistido unas 100 (. . .) personas.

© Succession Picasso / VG Bild-Kunst, Bonn, 2002

Guernica

1937. Óleo sobre lienzo. 349 x 777 cms. Museo Nacional Centro de Arte Reina Sofía. Madrid.

El gobierno de la República encarga a Picasso un cuadro para el Pabellón de España en la Exposición Internacional de París de 1937. El bombardeo de Guernica por la aviación alemana, que tiene lugar el 26 de abril de 1937, le sugiere el tema del cuadro. Pocas semanas después del bombardeo de la capital espiritual del País Vasco, Picasso comienza a pintar el enorme mural conocido como *Guernica.* En menos de dos meses termina la obra y la exhibe en París. El cuadro no retrata el acontecimiento en sí; más bien quiere expresar con él la violencia y crueldad del acontecimiento mediante la utilización de imágenes como el toro, el caballo moribundo, el guerrero caído, la madre con su hijo muerto o una mujer atrapada en un edificio en llamas. Pese a la complejidad de estos y otros símbolos, y a la imposibilidad de dar a la obra una interpretación definitiva, el *Guernica* logra un aplastante impacto como retrato-denuncia de los horrores de la guerra. El cuadro contiene una critica de la muerte del inocente. El cuadro permanece en el Museo de Arte Moderno de Nueva York desde 1939 hasta 1981, año en el que regresa a España; aquí se emplaza en el Casón del Buen Retiro, junto al Museo del Prado, en Madrid, hasta que en 1992 se traslada de nuevo, esta vez de manera definitiva, a su actual emplazamiento en el Museo Nacional Centro de Arte Reina Sofía, también en Madrid.

Boga, boga

Canción popular vasca

Boga, boga, mariñela, mariñela.
Joan bihar degu urrutira,
Bai Indietara, bai Indietara.

Ez det nik ikusiko
Zure plai ederra;
Agur, Ondarroako, itxaso bazterra.
Mariñela, ¡BOGA! Mariñela.

Rema, rema, marinero.
Que tenemos que ir lejos,
a las Indias, a las Indias.

No volveré a ver
tu bonita playa,
adiós, de Ondárroa ese rincón de mar.
Marinero, rema, marinero.

(Letra de la canción en castellano)

Boga, boga,
marinero ¡marinero!
La barquilla no volverá.
Voy lejos de aquí,
voy lejos de aquí.
Adiós, no te veré más
tierra donde nací,
adiós riberas del mar
que me miráis partir,
adiós riberas del mar
que me miráis partir.
Marinero, ¡Boga!, marinero.

Boga, Boga

Canción popular vasca

En la tienda

1. Buscamos nombres de frutas. Puede emplear el diccionario.

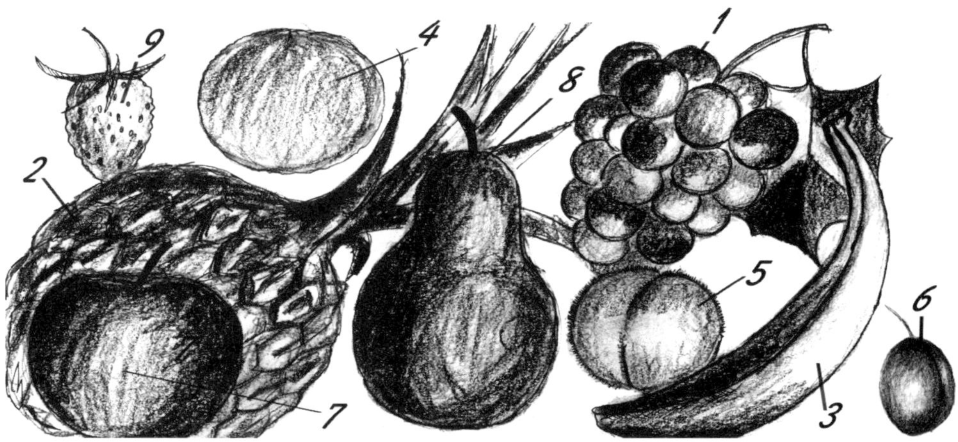

		1										
		2										
3												
4												
			5									
		6										
	7											
8												
9												

2. Imperativo

Transforme las preguntas en frases imperativas.

¿Por qué no cierras la puerta?
☞ *Cierra la puerta.*

1. ¿Por qué no me explicas el problema? — 2. ¿Por qué no os sentáis? — 3. ¿Por qué no le dices la verdad? — 4. ¿Por qué no estudias los vocablos? — 5. ¿Por qué no le escribís? — 6. ¿Por qué no me contestáis? — 7. ¿Por qué no vienes el sábado? — 8. ¿Por qué no tenéis más cuidado con mi coche? — 9. ¿Por qué no vuelves lo antes posible? — 10. ¿Por qué no le preguntáis? — 11. ¿Por qué no te quedas hasta mañana? — 12. ¿Por que no lo lleváis al médico?

a) Roberto con un compañero y dos compañeras de clase

Roberto es	*más*	alt*o*	*que*	Rebeca.
Paula es	*tan*	alt*a*	*como*	Rebeca.
Paula es	*menos*	alt*a*	*que*	Roberto.
Diego no es	*tan*	alt*o*	*como*	Paula.

b) Reflexione un poco y responda.

¿Cuál es el chico / la chica más alto/a del grupo?
¿Cuál es el chico / la chica menos alto/a del grupo?

c) Explique, si le es posible en castellano, cómo se forman los comparativos en la lengua que estudiamos.

d) Forme frases utilizando *más que* o *menos que*.

Luisa / alta / su hermano Luisa es más alta que su hermano.

1. El avión / rápido / el tren
2. El ejercicio de inglés / difícil / el de español
3. Pedro / estudia / José
4. Enrique / joven / su novia
5. Pilar / come / yo
6. Su hermano / trabajador / ella
7. Pedro / gasta / Pilar
8. Clima de Santander / agradable / clima de Madrid

4. Comparemos.

Consulte en un atlas y compare.

☞ Emplee los adjetivos *grande, largo, alto* y *más. .. que, menos ... que* y *casi tan ... como.*

el Ebro y el Miño
Toledo y Lisboa
España y Portugal
el Duero y el Tajo
Sevilla y Valencia
el Aneto y la Sierra de la Estrella

5. Comparación

Transforme las frases según el modelo.

El Ebro es un río muy caudaloso.
☞ *El Ebro es el río más caudaloso de España.*

1. Barcelona es una Autonomía muy industrializada.
2. Ávila es una ciudad muy fría.
3. José Carreras y Plácido Domingo son dos tenores muy famosos.
4. El Tajo es un río muy largo.
5. Barcelona es una ciudad muy desarrollada.
6. Extremadura y Andalucía son regiones muy secas.
7. El País es un periódico muy leído.
8. Los gallegos son unas personas muy nostálgicas.
9. La Seat es una fábrica de coches muy grande.
10. Aragón es una comunidad muy poco poblada.
11. Rosita e Isabel son dos chicas muy guapas.
12. La Costa del Sol es una región muy turística.
13. Sevilla es una ciudad muy calurosa.
14. Lalueza es un pueblo muy bonito.
15. Raúl es un jugador de fútbol muy bueno.
16. La Costa Brava es una zona muy pintoresca.

6. Transforme las frases en imperativos.

Tienes que estudiar más.
☞ *Estudia más.*

1. Tienes que hacer todo lo que te manden sin protestar.
2. Tenéis que mandarme vuestra dirección.
3. Tenéis que venir a verme en otro momento porque ahora estoy muy ocupado.

4. Tienes que hablar un poco más claro.
5. Tienes que preguntarle si tiene el libro que necesitamos.
6. Tienes que pensar en lo que dices.
7. Tenéis que tener cuidado.
8. Tienes que repetir la frase.
9. Tienes que hacer el ejercicio.
10. Tienes que hablar un poco más alto.
11. Tienes que decir la verdad.
12. Tienes que ir a comprarme el periódico.

7. Subraye con dos colores los adjetivos y los pronombres posesivos. *(Traduzca las frases con la ayuda del diccionario.)*

1. —¿Son tuyas esas botas de esquiar?
   —No, son de Valeriano.
2. Tu bicicleta es mas leve que la mía y es de mejor calidad.
3. Hay que aceptar a los demás con sus cualidades y sus defectos.
4. —¿De quién es el coche que está mal aparcado?
   —Es mío.
   —Pues si es el suyo, lo tiene que cambiar de lugar.
5. Nos gusta su país, sus costumbres, sus tradiciones.
6. Hijo mío, haz como tu hermana; ten más cuidado con tus cosas.
7. Oye, me he llevado tu libro en vez del mío; los de tu hermana los he visto encima de la mesa.
8. Vuestras vacaciones son más largas que las nuestras, pero nuestras jornadas de trabajo son más cortas que las vuestras.
9. —Mis recuerdos son algo borrosos, ¿y los tuyos?
   —Los míos son un poco más precisos.
10. Señores: sus beneficios van aumentando y los resultados de nuestra empresa son alentadores.

8. Forme frases utilizando tanto (-a, -os, -as), tan ... como.

1. Gabriel / ser / bueno / su hermana
2. Tú / tener / ideas / Carlos
3. Federico / comer / yo
4. Julia / ser / gorda / Luisa
5. Miguel / correr / rápido / un campeón
6. Esta noche / haber / estrellas / la noche pasada
7. Bailar / ser / fácil / andar
8. Roberto / trabajar / Pedro.
9. Mi coche / gastar / gasolina / el tuyo.
10. Nuestra casa / ser / grande / la vuestra.

9. Sopa de letras

Se buscan nueve colores.

F	*I*	*V*	*E*	*R*	*D*	*E*	*L*	*G*	*Y*	*I*	*R*
G	*U*	*E*	*R*	*N*	*I*	*B*	*L*	*A*	*N*	*C*	*O*
U	*M*	*I*	*L*	*H*	*C*	*E*	*A*	*M*	*E*	*R*	*J*
I	*A*	*Z*	*U*	*O*	*A*	*I*	*Z*	*A*	*G*	*E*	*O*
S	*R*	*U*	*C*	*H*	*S*	*V*	*U*	*G*	*R*	*I*	*S*
T	*R*	*A*	*M*	*A*	*R*	*I*	*L*	*L*	*O*	*D*	*H*
C	*O*	*L*	*O*	*R*	*N*	*A*	*R*	*A*	*N*	*J*	*A*
A	*N*	*S*	*U*	*R*	*A*	*T*	*I*	*P*	*U*	*Y*	*F*

10. Frases hechas

Traduzca las expresiones. Puede servirse de un diccionario.

1. ¡Enhorabuena! . . . .
2. ¡Feliz cumpleaños! . . . .
3. ¡Que aproveche! . . . .
4. ¡Felicidades! . . . .
5. ¡Qué bien! . . . .
6. ¡Qué sorpresa! . . . .
7. ¡Qué pena! . . . .
8. ¡Qué lástima! . . . .
9. ¡Feliz Navidad! . . . .
10. ¡Feliz Año Nuevo! . . . .
11. ¡Felices Pascuas! . . . .
12. ¡Ánimo! . . . .
13. ¡Que se mejore! . . . .
14. ¡Que lo pase bien! . . . .
15. ¡Buen viaje! . . . .
16. ¡Que descanse! . . . .
17. ¡Salud! . . . .
18. ¡Que le vaya bien! . . . .
19. ¡Qué vuelvas con salud! . . . .
20. ¡Qué cumplas muchos más! . . . .

11. Complete con ser o estar en presente de indicativo.

1. Luisa . . . italiana.
2. Nosotros . . . de Barcelona, pero . . . viviendo en Toledo.
3. . . . de paso por Valencia.
4. El pelo corto . . . de moda.
5. El . . . de médico en un pueblo de la montaña.
6. Mi hermano . . . médico.
7. Cuando Pepe . . . de vacaciones, se olvida de todo.
8. Hoy . . . martes.
9. . . . a 24 de diciembre .
10. ¿A cuánto . . . el dólar hoy?
11. ¿. . . usted la madre de Ana?
12. Los chicas . . . en la escuela.
13. ¿Vosotros . . . estudiantes?
14. Mi padre siempre . . . de buen humor.
15. ¿Cuál . . . tú edad?
16. ¿Qué hora . . .?
17. . . . en invierno, pero hace calor.
18. . . . las dos y media por la tarde.
19. Madrid . . . la capital de España.
20. . . . en el siglo XXI.
21. Estos libros . . . míos.
22. Julio . . . feliz porque . . . enamorado.

12. Ejercicio para atrevidos

Ordene las expresiones.

1. vsroia	a) normalmente se paga cada mes
2. aeprtu	b) persona que vive en un país
3. upoleb	c) río pequeño
4. aeelpsst	d) decir que sí
5. ttnihebaa	e) la tienen todas las habitaciones
6. aacddeeeorrstu (3 p.)	f) se comen normalmente por la tarde
7. ída	g) tiempo que tarda la tierra en dar una vuelta sobre su eje
8. rooniecc	h) más de uno
9. acelss	i) a veces son bastante aburridas
10. urmba	j) población relativamente pequeña
11. aoorry	k) persona que hace la comida
12. urqlliea	l) danza iberoamericana

13. Complete con los pronombres personales convenientes.

1. —¿Me dejas la goma?
   —Sí, espera que termino y luego . . . puedes coger.
2. Si no . . . gusta a ustedes, pueden tomar otra cosa.
3. No se preocupe, ahora llamo a un empleado y . . . lo busca.
4. Dime si . . . ha interesado.
5. Los cafés, ya . . . he pagado.
6. Mira, . . . presento a mi amiga Charo.
7. No . . . lo digas.
8. La habitación, ya . . . he limpiado.
9. Quiero que . . . lo expliques.

14. Complete el texto.

1.	Sebastián y Maribel . . . desde hace mucho tiempo.	conocerse
2.	Esta tarde [yo] . . . que . . . al médico porque me . .. mucho la cabeza desde hace unos días.	tener — ir — doler
3.	El pescador . . . una red más grande para . . . pescar más.	comprar — poder
4.	[Nosotros] no . . . mucho tiempo porque . . . a salir de viaje.	tener — ir
5.	[Yo] . . . a la ocho y . . . a las once. [Tú] . . . venir a las once y cuarto.	salir — volver — poder
6.	Nos ha contado lo que . . . esta mañana.	hace
7.	No he entendido lo que [tú] . . . ¿. . . repetírmelo?	decir — repetir
8.	[Nosotros] . . . a coger el tres de las siete y . . . a Zaragoza antes de las once.	ir — llegar
9.	Yo no . . . personalmente a su hermano, me . . . que es un buen médico.	conocer — decir
10.	Con este tren [vosotros] no . . . que hacer pero trasbordo, . . . un tren directo.	tener ser
11.	[Yo] . . . que . . . muy temprano y . . . cansado.	tener — levantarse — estar
12.	¿. . . [usted] decirme cuánto . . . este libro?	poder — costar

15. Redacte la historieta.

Las expresiones que se encuentran debajo del dibujo pueden servirle de ayuda. Si necesita más vocablos o expresiones se los puede preguntar al profesor.

1. no interesarse — televisión — estar preocupado/a — anormal
2. llamar — doctor — explicar
3. examinar — reflejos — martillo — normal
4. golpear — cabeza   5. madre — tranquilo/a

Julio, un trabajador andaluz

1. Describa a la familia de Julio Fernández.

1. Julio Fernández
2. Su esposa
3. Carlos
4. Rosario
5. Lurdes

2. Transforme las frases empleando el imperativo.

Tienes que hablar un poquito más bajo.
☞ *Habla más bajo.*

1. Tenéis que hacer los deberes.
2. [Usted] tiene que ir a casa de su hermano.
3. Tienes que pagar los cafés.
4. Tienes que traerme el periódico.
5. Tenéis que preguntárselo.
6. [Ustedes] tienen que salir antes de la siete.
7. Tienes que poner el libro encima de la mesa.
8. [Ustedes] tienen que pagar la cuenta.
9. Tienes que ir a comprar el pan.
10. Tenéis que sacar los billetes.
11. [Usted] tiene que devolverme el diccionario.
12. [Ustedes] tienen que hablar con el médico.
13. [Tú] tienes que darme una oportunidad.
14. [Vosotros] tenéis que hacer más deporte.

3. Lectura comentada

Andaluces y catalanes ☺

Este es un catalán que está escuchando la radio y decide acudir a una llamada de auxilio para un hombre que ha tenido un accidente, y que necesita un donante de sangre.

El hombre que necesita la transfusión es un andaluz, que, agradecido por salvarle la vida, le regala un cortijo.

El catalán, todo contento, pone todos los días la radio esperando que se vuelva a necesitar otra transfusión de sangre y que sea el mismo andaluz quien se accidenta. Y así ocurre.

El andaluz, de nuevo agradecido, le regala un SEAT Marbella.

El catalán vuelve a pedir a Dios que el andaluz tenga otro accidente y así vuelve a suceder, pero, esta vez, el regalo que le da el andaluz por salvarle de nuevo la vida es un mechero «bic».

El catalán entonces le dice: «Primero me regalas un cortijo, después un Marbella y ahora un mechero. ¿A qué se debe esto?»

A lo que el andaluz replica: «¡Es que ya ‹tinc› (tengo) sangre catalana!»

4. Subraye los adjetivos substantivados y traduzca las frases.

1. Le tengo manía a todo lo rojo, en cambio lo azul me relaja bastante.
2. Lo extraño del caso es que nadie se lo ha (haya) tomado en serio.
3. Lo duro es aguantar las altas temperaturas de los invernaderos, pero todo lo aguantas cuando no hay más remedio.
4. Para muchas mujeres, lo difícil es compatibilizar la vida laboral y la vida familiar.
5. En esta novela, lo interesante es que el punto de vista cambia sin cesar y lo bueno es que tomas parte en lo ocurrido.
6. No os imaginéis que lo caro siempre es de buena calidad, ni que lo barato no vale nunca nada.
7. Lo más importante en la vida es la salud.
8. Lo gracioso es que consigue vivir sin trabajar.

5. Una carta de Lima

Responda a las preguntas.

1. ¿Quién es Susana?
2. ¿Qué profesión tienen sus padres?
3. ¿Tiene Susana hermanos?
4. ¿Qué sabe usted de sus hermanos?

Imagine que no ha sido Klaus, sino usted quien ha recibido la carta de Susana. Responda a su carta.

6. Ponga el texto en el pasado.

1. Pedro llega a casa a las dos, come, hace los deberes, sale a dar un paseo por la ciudad y vuelve a su casa a las ocho de la tarde. — 2. Luis y Ricardo no pueden venir. — 3. Ceno, veo la televisión y voy a visitar a unos amigos. — 4. Hacen un viaje a Italia. Van en tren. — 5. No nos dice nada. — 6. Luisa se

levanta del sofá y abre la puerta. — 7. Le escribimos una carta. — 8. Petra pone la comida en la mesa. — 9. No le quieren comprar las entradas. — 10. Klaus manda a Susana una foto de su familia. — 11. Su madre fríe las patatas. — 12. Van de excursión, pero no se quedan a dormir. Vuelven en el mismo día.

7. Complete con las formas del subjuntivo.

1. Te deseamos que [tú] (tener) una estancia agradable en Mettingen.
2. Quiero que [vosotros] me (decir) toda la verdad.
3. Mi madre quiere que yo (ir) al supermercado y le (comprar) dos kilos de tomates.
4. Me da miedo que [vosotros] (llegar) tarde.
5. Quiero que [tú] (cerrar) las puertas y (abrir) las ventanas.
6. Mi padre me dice que [yo] (ser) prudente.
7. Toda la familia me pide que [yo] (quedarse) unos días más.
8. Nuestro profesor espera que [nosotros] (preparase) bien para el examen.
9. Nos ha pedido que [nosotros] le (traer) un periódico de hoy.
10. Espero que [tú] no (tardar) en mandarme un e-mail.
11. El médico le ha recomendado que (beber) menos y que (comer) más fruta.
12. Os deseamos que [tener] un buen viaje.

8. Redacción

buscar — emigración — extranjero — problemas — sur de España — trabajo — adaptación

9. Complete las frases.

1. Las cervezas . . . 3,50 euros. Roberto . . . pagarlas.	costar — desear
2. Vosotros . . . venir a verme porque por las tardes, [yo] . . . siempre en casa.	poder estar
3. Las clases . . . a las ocho y . . . a la una y cuarto.	empezar — terminar
4. Ella . . . que esta tarde no . . . . . . con nosotros porque no . . . tiempo.	decir — poder — salir tener
5. Isidro . . . que . . . las cartas al correo.	tener — llevar
6. Yo ya . . . hace muchos años y todavía no . . . ningún accidente.	conducir — tener
7. [Ellos] . . . aquí hasta final de mes.	permanecer
8. [El] . . . a las ocho y media porque a las nueve . . . una cita.	volver — tener

10. La comparación

1. Los Pirineos no son . . . altos . . . los Alpes.
2. A veces hace . . . calor en España . . . en África.
3. Tu hermano trabaja mucho . . . . tú.
4. Tu coche es . . . rápido . . . el mío.
5. Dicen que la vida es . . . cara en Francia . . . en España.
6. Dicen que los italianos hablan . . . que los alemanes.
7. Pablo es . . . simpático . . . su hermano pequeño.
8. Ella no estudia . . . como tú.

11. Transforme las frases.

No sabes qué difíciles son los temas.
☞ *No sabes lo difíciles que son los temas.*

1. Fíjate qué bien en lo que hace.
2. Mira qué bien juegan.
3. Observa qué alto está.
4. No sabes qué serio se ha vuelto.
5. No te imaginas qué contentas se van a poner.

12. Decídase por un artículo.

1. No me gusta . . . que acabas de decir.
   a) el b) la c) lo
2. Mira el bolso blanco. Es mucho más barato que . . . de la derecha.
   a) el b) lo c) la
3. A mí me da . . . mismo . . . que diga la gente.
   a) el/ lo b) lo/lo c) el/el
4. . . . importante es que apruebes la asignatura.
   a) lo b) el c) la
5. . . . de tu hermano es otra cosa muy distinta.
   a) lo b) la c) el
6. Este coche es de la misma marca que . . . nuestro.
   a) el b) la c) lo
7. Dime . . . que has hecho hoy por la mañana.
   a) lo b) los c) el
8. . . . suyo es aprender cuanto antes español.
   a) la b) lo c) el

13. Ejercicio creativo

Describa la viñeta en el presente y en el pasado

partido de fútbol — la ventana — la cerveza — la cortina — el gol — enfadado — tirar — cuarto de baño

14. Cuente lo que ha hecho hoy por la mañana.

Puede emplear los verbos que siguen.

tomar un aperitivo — tener una evaluación en francés — salir de la escuela — llegar a casa — llamar por teléfono — levantarse — leer el periódico — ir a buscar unos panecillos — estar de vuelta en casa — ducharse — despertarse — desayunar — comer — coger el autobús

15. Escriba con todas las letras.

1. Aquí vivimos 61 inquilinos.
2. Hasta la fecha sólo he leído 201 páginas del libro.
3. —¿Cuántos días tiene el mes de octubre?
   —31.
4. Marcos tiene 51 años pero no los aparenta.
5. Vivo en calle Princesa, número 1.
6. En este recinto están almacenadas 21 sillas y 41 mesas.
7. Sólo tengo 28 días de vacaciones.
8. Mi coche ya ha hecho 180.000 kilómetros.

16. Complete las frases.

1. Los chicos son . . . parlanchines . . . las chicas.
2. Me parece que ahora los veranos son . . . soleados . . . los de mi niñez.
3. Este chico es . . . alto . . . los demás.
4. Eres . . . fuerte . . . tu hermano pero . . . valiente . . . él.
5. Esta aspiradora es . . . cara, pero . . . potente . . . ésa.
6. Durante las vacaciones, el teatro está casi . . . vacío . . . anoche.
7. La Costa Brava es . . . rocosa . . . la Costa de la Luz.
8. El Cantábrico es una zona . . . concurrida . . . Andalucía.

17. Transforme las frases empleando el superlativo absoluto.

1 Es una mujer <u>muy vieja</u> y muy culta.
2. Su casa está <u>muy aislada</u>.
3. Las playas del Atlántico son <u>muy anchas</u>.
4. Estoy <u>muy impresionado</u> por lo que acabo de ver.
5. Dicen que el tigre es un animal <u>muy feroz</u>.
6. Tómate un vaso de agua, está <u>muy fresca</u> y da gusto beberla.
7. Hoy está el cielo <u>muy azul</u>.

8. La paella está muy rica.
9. Esta película es muy pesada y poco interesante.
10. Es una novela muy entretenida.
11. Su hermana es una persona muy graciosa.
12. Estos hoteles son muy caros.

18. Ponga un poco de orden.

1. trabajo. — tienen — su — región — que — porque — no — Muchos — encuentran — andaluces — abandonar
2. casa. — de — frecuentemente — fuera — La — moderna — mujer — trabaja
3. vive — una — una — recibido — que — Lima. — Klaus — ha — en—-de — conocida — carta
4. al — colegio — de — El — hermana. — hermano — Luis Manuel — llama — mismo — que — se — su — Susana — va — y
5. tienen — tienda — sólo — primera — géneros — esta — En — de — calidad.
6. Barcelona — Canarias. — de — El — en — en — está — está haciendo — hijo — Julio — la — mili — no — porque
7. y — una — trabaja — Rosario — perfectamente — peluquería — habla — en — de — catalán — Barcelona.
8. uno — sido — pilares — los — La — la — ha — economía — de — de — de — Andalucía. — agricultura

Un obispo no está muy de acuerdo con el comportamiento de un cura de su diócesis:

—¿Qué te pongas vaqueros en vez de sotana? vale.
—¿Qué te pongas camisas hawaianas? vale.
—¿Que te pongas un zarcillito en la oreja izquierda? vale.
—¿Qué te hagas una coleta con el pelo que tienes? vale.
—Pero que pongas en la puerta de la iglesia en semana santa un cartel de «Cerrado por defución del hijo del jefe», eso si que no.

El reloj

Roberto Cantoral

Reloj, no marques las horas,
porque voy a enloquecer.
Ella se irá para siempre,
cuando amanezca otra vez.

Nomás nos queda esta noche
para vivir nuestro amor
y tu tictac me recuerda
mi irremediable dolor.

Reloj, detén tu camino,
porque mi vida se apaga.
Ella es la estrella que alumbra
mi ser.
Yo sin su amor no soy nada.

Detén el tiempo en tus manos,
haz esta noche perpetua
para que nunca se vaya
de mí,
para que nunca amanezca.

El reloj

Bolero

Robero Cantoral

Elene tiene visita

1. ¿Verdadero o falso?

Decida si la frase es verdadera (V) o falsa (F) y marque la letra correspondiente. Las letras forman el nombre de un famoso monumento de Andalucía.

	V	**F**
Elena es andaluza	U	L
y trabaja en un banco.	A	N
Su padre es profesor.	A	G
Elena vive en casa de sus padres.	O	I
Elena vive en la capital de Andalucía.	R	S
Jacinto es un conocido de Elena.	C	A
Jacinto trabaja en Cádiz.	L	M
Jacinto va a visitar a Elena.	D	I
Cádiz es la capital de Andalucía.	O	A
Jacinto y Elena se conocen desde niños.	A	D
Jacinto ha parado en Sevilla porque quiere ir de compras.	R	E
Jacinto ha comprado un lector de CD para Elena.	R	S
Elena y Jacinto quieren almorzar juntos.	E	T
Después de comer Jacinto toma sólo un café.	H	V
Jacinto tiene que tomar parte en una reunión en Madrid.	I	C
El piso de Elena no está muy lejos del centro.	J	L
Jacinto tiene que recoger su coche.	L	U
El viaje de Sevilla a Madrid dura sólo 5 horas.	I	A

2. Deportes

a) Lectura comentada

Arantxa Sánchez Vicario

Arantxa Sánchez Vicario nace en Barcelona el 18 de diciembre de 1971. Se inicia en la práctica del tenis a la edad de cuatro años y a los catorce se proclama campeona de España. Su estatura es de 1,69. En el año 1987 llega hasta los cuartos de final del torneo Roland Garros y al año siguiente vence en la tercera ronda a Christ Evert. Su primer triunfo internacional llega en 1989 en Roland Garros al derrotar a la número uno del mundo, Steffi Graf, que la vence un mes más tarde en el torneo de Wimbledon. El 1994 gana por segunda vez el mismo título derrotando a la francesa Mary Pierce. En el torneo de Wimbledon, celebrado en Londres en el mismo año, Arantxa se adjudica el primer triunfo en dobles junto a Jana Navotna, pero pierde en individuales frente a su eterna rival, Steffi Graf. A partir de ahí empieza a escalar puestos en la clasificación internacional de tenistas hasta conseguir en 1995 estar a la cabeza de ATP, seguida de Steffi Graf. Tres meses después es desplazada por la alemana, pasando a convertirse por bastante tiempo la número dos mundial.

En 1996, en el torneo Roland Garros, Arantxa llega a la final, pero es derrotada de nuevo por Steffi Graf, aunque resulta ganadora en Hilton Head y en Hamburgo. Tiene que esperar hasta 1998 para ganar su tercer Roland Garros frente a Mónica Seles. Con este título logra acumular cuatro torneos de gran Slam: tres títulos en el citado torneo parisino (1989, 1994 y 1998) y el Open de Estados Unidos.

Participa en la olimpiada de 1992 y consigue dos medallas, plata en dobles y bronce en individuales. En la olimpiada de Atlanta obtiene plata en individual y bronce en dobles junto con Conchita Martínez. Es nombrada la mejor tenista en 1994 por la Federación Internacional de Tenis junto con Pete Sampras. Arantxa Sánchez vive actualmente en Barcelona.

b) Clases de deportes

1. Escriba la correspondiente actividad deportiva debajo de cada cuadro.

a) . . . .

b) . . . .

c) . . . .

d) . . . .

e) . . . .

f) . . . .

g) . . . .

h) . . . .

2. ¿Qué deportistas famosos de nacionalidad española conoce usted?
3. ¿Qué deporte practican?
4. ¿Qué hace usted en su tiempo libre?
5. ¿Qué es lo que más le gusta?
6. ¿Cuál es su deporte preferido?

3. Escriba el gerundio de los siguientes verbos.

1. dudar *dudando*
2. leer __________
3. ir __________
4. sentir __________
5. morir __________
6. querer __________
7. terminar __________
8. conducir __________
9. traer __________
10. hacer __________
11. decir __________
12. llorar __________
13. conseguir __________
14. repetir __________
15. pedir __________
16. traducir __________

4. Algunas fechas

Escriba las fechas de los sucesos y compárelas con las de su vecino.

18-7-1936	***11-9-2001***	***30-6-2002***
12-10-1492	***1-1-2002***	***20-11-1975***
9-11-1989	***22-11-1963***	***6-8-1945***

1. Descubrimiento de América: *el 12 de octubre de 1492*
2. Muerte de Franco: ______________
3. Comienzo de la guerra civil española: ______________
4. Explosión atómica en Hiroshima: ___________
5. Asesinato de Kennedy: ________________
6. Introducción del euro como unidad monetaria el la UE: __________
7. Atentado contra los Estados Unidos: ____________
8. Final de campeonato mundial de fútbol en Corea: ______________
9. Caída del Muro de Berlín: ________________

5. Complete las frases.

1. No vayas a verla porque es una (mala) película.
2. Compra (cualquiera) cosa para cenar.
3. El chico del que hablas es el (tercero) de la fila.
4. No, aquí no hay (ninguno) supermercado.
5. ¿La farmacia? Está en la (tercero) calle a la derecha.
6. No es un (malo) libro.
7. Es una (grande) personalidad.
8. Yo no voy a tomar (primero) plato.
9. ¡(Cualquiera) le dice nada! Enseguida se enfada.

6. Ponga los adjetivos en el superlativo absoluto.
(Emplee el diccionario.)

Me encanta este pastel por lo bueno que es.
☞ *Sí, es buenísimo.*

1. —¡Qué inteligente es este señor!
   —Sí, es . . . y es un placer escucharle.
2. ¿Tiene mucho dinero?
   —Sí, es una persona . . ., pero tiene poca salud.
3. —A este coleccionista le gustan únicamente los muebles antiguos.
   —Sí los . . . y por lo tanto los más caros.
4. —Me da lástima este anciano; parece muy pobre.
   —De hecho es . . . y nadie cuida de él.
5. —Plácido Domingo, Luciano Pavarotti y José Carreras son tres tenores célebres en el mundo entero.
   —Sí, son . . ., pero bien se lo merecen.
6. —¿Qué gusto comprar en esta tienda con lo amable que es la dependienta!
   —Sí, es . . . y servicial.
7. —Me parece cruel mantener encerrado a un hombre en un zulo de unos pocos metros cuadrados.
   —Sí, es . . . e inhumano.
8. —El médico le ha recomendado ir a la sierra para gozar del aire salubre.
   —De hecho es . . . y le va a ir muy bien para reponerse del todo.
9. —Supongo que la reacción después de la decisión de congelar los salarios va a ser fuerte.
   —Sí, . . . y es posible que haya huelgas.
10. —Es muy agradable pasear por las calles de este pueblo.
    —Sí, es . . . y lo voy a recordar con nostalgia en el futuro.

7. Describa el piso de Elena.

el salón	*el fregadero*	*la estantería*	*la cama*
el dormitorio	*la cocina*	*el televisor*	*la silla*
el comedor	*el baño*	*el estéreo*	*la mesa*
el sofá	*el armario*	*la alfombra*	*el sillón*
el fogón	*la mesilla*	*la bañera*	*el bidet*

8. En el piso de Elena hay varios muebles.

Se buscan 8 muebles.

C	A	S	R	E	D	F	I	Z	U	R
A	R	M	A	R	I	O	M	E	M	O
M	U	S	I	C	L	I	E	L	I	P
A	T	H	T	H	R	J	S	O	F	A
I	I	P	E	U	E	U	A	L	U	L
G	P	O	A	S	A	B	F	Y	N	E
E	S	C	R	I	T	O	R	I	O	R
R	O	U	D	L	A	C	F	F	U	H
A	B	S	I	L	L	A	D	G	L	A
S	I	F	M	O	M	B	A	O	P	U
E	S	T	A	N	T	E	R	I	A	N

9. Complete con las formas del subjuntivo.

1. Mi madre quiere que [yo] no (salir) y que (hacer) los deberes.
2. Queremos que [vosotros] nos (informar) de todo.
3. Nos pide que [nosotros] (ir) a un supermercado y le (comprar) un poco de fruta.
4. Me da miedo que [tú] (llegar) tarde.
5. Os deseamos que [vosotros] (tener) una estancia agradable en Lotte.
6. Quiero que [vosotros] (cerrar) la puerta y (abrir) las ventanas.
7. Susana espera que Klaus (estar) bien y que le (responder) pronto a su carta.
8. Su padre le dice que [él] (ser) prudente.
9. No quiero que [vosotros] (trabajar) demasiado.
10. Quiero que [ella] me (dar) una respuesta.
11. Espero que [vosotros] (venir) y que no (volver) a decir que no tenéis tiempo.
12. Te deseo que [tú] (tener) un buen viaje y que (pasar) unas buenas vacaciones.
13. Elena quiere que Jacinto (comer) con ella.
14. El profesor les recomienda que [ellos] (repasar) bien las dos últimas lecciones.
15. Espero que él (querer) hablar abiertamente de todo.
16. Me aconseja que (leer) algunas obras de Pío Baroja.
17. El profesor nos ha dicho que (estudiar) un poco más.
18. La madre de María no quiere que (salir) con ese chico.
19. ¿Quieres que [yo] (hablar) con él?
20. Esperamos que [vosotros] (volver) pronto a visitarnos.

10. ¿Ser o estar?

1. Las camisas que he comprado . . . azules.
2. Ramoncito . . . muy satisfecho con las notas que ha obtenido.
3. Luis . . . un chico muy tranquilo.
4. Su padre ya . . . enfermo desde hace mucho tiempo.
5. Juan . . . estudiante, pero durante el verano . . . de vendedor en un supermercado.
6. . . . a dos de septiembre y hoy . . . lunes.
7. Andorra . . . al sur de Francia.
8. Lo que haces no . . . muy bien.
9. Aquí, en esta región, en verano el cielo . . . siempre azul.
10. Lucinda y yo . . . de un pueblo de Teruel, pero ya hace muchos años que . . . en Bilbao.
11. Es una persona que siempre . . . contenta.
12. España es un país que . . . en el sur de Europa.

13. ¿A qué día . . . hoy?
14. ¿De quién . . . este lápiz?
15. Estas gafas de sol . . . de mi hermano
16. . . . muy contentos con nuestro nuevo SEAT.
17. ¿Ya . . . [vosotros] preparados?
18. La comida . . . muy buena.
19. Cecilia . . . una chica muy inteligente.
20. Mi hermano . . . en la escuela. Aún no ha venido.

11. Transforme la frases en imperativo.

Tienes que abrir la puerta.
☞ *Abre la puerta.*

1. Tienes que abrir la ventana.
2. Tienes que ponerte el abrigo.
3. Tenéis que ir a comprar las entradas.
4. Usted tiene que volver antes de la diez.
5. Tienes que decirme claramente lo que quieres.
6. Tenéis que repasar los verbos irregulares.
7. Tienes que estudiar un poco más.
8. Tenéis que corregir el ejercicio.
9. Tienes que prestarme diez euros.
10. Ustedes tienen que trabajar un poco más.
11. Tienes que decirme lo que tengo que hacer.
12. Usted tiene que recordar lo que le he dicho.
13. Tienes que consultar el diccionario.
14. Tenéis que ser más prudentes.

12. Ponga el texto en el pasado.

1. Nicolás sale de la escuela a las dos menos cuarto, llega a su casa a las dos, come, hace los deberes, sale a dar un paseo por la ciudad y vuelve a su casa a las ocho de la tarde. — 2. Luisa no quiere quitarse el abrigo. — 3. Carlos hace la mili en Canarias y después busca trabajo en Sevilla. — 4. Van a Madrid y pasan por Zaragoza. — 5. Susana piensa en ponerse a trabajar en lugar de seguir estudiando. — 6. No nos quieren enseñar las fotos. — 7. ¿Quién va a comprar el pan? — 8. Ramón y Pepe no pueden venir. — 9. Cenamos, vemos la televisión y vamos a visitar a unos amigos. — 10. Hacen un viaje a Suiza. Van en avión. — 11. No nos dice nada. — 12. Luisa se levanta del sofá, deja el libro en la mesa y abre la puerta. — 13. Le escribimos una carta. — 14. Petra pone la comida en la mesa. — 15. Nos quieren pagar los cafés. — 16. Van a comprar el pan. — 17. Salimos antes de las siete. — 18. Llevan el coche al

taller y van a buscarlo antes de comer. — 19. Los padres de Carlos vuelven a Andalucía porque no pueden adaptarse a la vida francesa. — 20. Nos dice todo lo que sabe. — 21. El autobús sale con retraso.

13. Ejercicio de léxico

Ordene los sinónimos.

agricultor — amigo — aumentar — aún — causar — cerrado — coche — contento — contestar — creer — desarrollado — diario — época — escasez — escritor — escuela — estar — finca — frecuentemente — gustar — hablar — listo — niñez — notar — oír — regresar — reparar — valer — vivir — zona

volver	. . .	todavía	. . .	temporada	. . .
satisfecho	. . .	responder	. . .	región	. . .
propiedad	. . .	preparado	. . .	periódico	. . .
pensar	. . .	motivar	. . .	introvertido	. . .
infancia	. . .	habitar	. . .	falta	. . .
escuchar	. . .	encontrarse	. . .	darse cuenta	. . .
crecer	. . .	costar	. . .	conversar	. . .
compañero	. . .	colegio	. . .	campesino	. . .
avanzado	. . .	autor	. . .	auto	. . .
arreglar	. . .	agradar	. . .	a menudo	. . .

¿Vamos al concierto?

1. Complete.

futuro simple	*presente*	*infinitivo*
dirán		
	tenemos	
adquiriré		
querrás		
	se agotan	
	salen	
pondrá		
	hay	
	reserva	
vendrás		
	suena	
hablaremos		
haré		
	comen	
	sé	
viviremos		
	juegan	
	estás	

2. La condición

Complete las frases.

Hace buen tiempo. Vamos a dar una vuelta.
☞ *Si hace buen tiempo, iremos a dar una vuelta.*

1. Tengo tiempo. Compro el periódico.
2. Me esperas. Voy contigo.
3. Sus padres están de acuerdo. Viene de vacaciones con nosotros.
4. Estudias un poco más. Tienes menos problemas.
5. Hablas con él. Te lo dice.
6. Toman un taxi. Llegan antes.
7. Vamos al Ateneo. Compramos los billetes para el concierto del sábado.

8. No estás a las ocho. Salimos sin ti.
9. Hablas con él. Te cuenta sus problemas.
10. Tenemos tiempo. Pasamos por tu casa.
11. Lo veo. Se lo digo.
12. Me prestas el libro. Puedo preparar mejor el examen.

3. *Pescar*

a) Traduzca el texto.
b) Póngalo en el futuro.

«No sabemos si está lejos o cerca de nosotros, pero llega un momento en que la caña se dobla o en que el aparejo se estremece en nuestras manos. No podéis sospechar el sabor que tiene tan precioso instante para el pescador. Esta sensación única, que a nada se parece, compensa sobradamente la paciencia. Luego comenzamos a ver al prisionero; no sabemos quién es, ni cómo se llama, pero ya se vislumbra su bulto entre los cristales del agua. Al cabo aparece en la superficie: es una lubina, es un salmonete. ¡Con qué gozo le asignamos su nombre!»

A. Palacio Valdés

4. *Ejercicio de léxico*

Escriba con su correspondiente artículo los substantivos que pueden corresponder a los siguientes verbos.

unir	. . .	tolerar	. . .	sonar	. . .
servir	. . .	sentir	. . .	seguir	. . .
reunir	. . .	restaurar	. . .	reservar	. . .
repetir	. . .	reparar	. . .	remediar	. . .
recibir	. . .	provocar	. . .	prever	. . .
pertenecer	. . .	perder	. . .	oír	. . .
mezclar	. . .	medir	. . .	llamar	. . .
luchar	. . .	levantar	. . .	ir	. . .
interpretar	. . .	intentar	. . .	hacer	. . .
fusionar	. . .	extender	. . .	existir	. . .
exigir	. . .	desunir	. . .	desayunar	. . .
corregir	. . .	convivir	. . .	constituir	. . .
combinar	. . .	combatir	. . .	caer	. . .
buscar	. . .	aprovechar	. . .	almorzar	. . .
agradecer	. . .	admirar	. . .	amar	. . .

5. Pronombres

Ponga los pronombres adecuados.

1. ¿De dónde tienes esas revistas? . . . . han regalado.
2. El niño quiere sus juguetes; voy a dar . . . .
3. No me has traído los periódicos; tendrás que mandar . . . .
4. No comprende el problema a pesar de que yo . . . . he explicado.
5. Pedro ha llamado por teléfono y ha preguntado por . . ..
6. Yo me quedo en el pueblo; a . . ., . . . gusta mucho la vida del campo.
7. ¿Tienes un impresora nueva? ¿Por qué no . . . . enseñas?
8. Esos muebles . . . gustan; . . . voy a comprar.
9. Esa fruta no es mala. ¡Compra . . .!
10. Me quedo con este armario. ¿Quiere usted mandar . . . . a casa?
11. ¿Ha sido divertida la película? ¡Cuenta . . . . . .!
12. Usted tiene mi diccionario. ¡Traiga . . . . . .!
13. Si le sobran esas entradas, puede dar . . . .
14. ¿Por qué no les dices dónde vives? ¡Di . . . . . .!
15. ¿Por qué no me dices tu nombre? ¡Di . . . . . .!
16. Ella no lo sabe hacer. ¡Haz . . . . tú!

6. Horóscopo de la semana

Ponga los verbos en futuro.

Aries	*Esta semana (encontrar) [usted] un ambiente propicio en su trabajo aunque (deber) evitar relajarse. (Asistir) a muchas reuniones profesionales. (Mejorar) su economía y la (tener) más controlada. Los sentimientos le (acercar) a su pareja.*
Cáncer	*Algunos (decir) que usted es demasiado optimista. Su situación económica (mejorar) notablemente. Momento ideal para relaciones amorosas.*
Tauro	*Los de este signo (saber) resolver los conflictos y (poder) disfrutar del tiempo libre. (Ser) un buen período para las relaciones personales.*
Géminis	*Sus amigos le (olvidar). Nadie (querer) ayudarle. (Estar) muy solo. Se (poner) frecuentemente nervioso por pequeñeces. Sus padres (venir) a visitarle y esto le (satisfacer).*

7. Pronombres personales

Forme diálogos substituyendo donde sea necesario en las respuestas los elementos subrayados por un pronombre.

¿No me conoces?
☞ Claro que te conozco.

1. ¿Me has devuelto el libro de gramática? — 2. ¿Conoces la música de Falla? — 3. ¿Les has escrito la carta? — 4. ¿Te has dado cuenta de lo que ha dicho? — 5. ¿No me entendéis? — 6. ¿Me has traído el CD? — 7. ¿Vas a hablar con él? — 8. ¿Te gusta la música de Granados? — 9. ¿Le has copiado el programa? — 10. ¿Has oído las noticias? — 11. ¿Vas a instalarme el programa? — 12. ¿Te pones azúcar en el café? — 13. ¿Te gusta la ciudad? — 14. ¿Has entendido lo que ha dicho. — 15. ¿Le has notado el acento? — 16. ¿Me has traído el casete? — 17. ¿Quieres invitarlos? — 18. ¿No los ves? — 19. ¿Has visto a José Antonio? — 20. ¿Habéis preparado los bocadillos?

8. Un paseo por Madrid (lectura)

El oso y el madroño

Madrid se encuentra en el centro geográfico de la Península Ibérica, a 650 metros sobre el nivel del mar, en una amplia meseta. Es la capital más alta de Europa. Madrid aparece por primera vez en los documentos históricos en el siglo X bajo el nombre árabe de «Magerit». Desde 1561 Madrid es la capital de la nación española y es una Comunidad Autónoma desde la proclamación de Constitución en 1978.

Hoy, Madrid es una ciudad moderna y cosmopolita. Es la ciudad más grande de España. La villa de Madrid tiene más de 4 millones de habitantes y más de 40 museos –entre ellos el *Museo del Prado* y el *Centro Reina Sofía*– numerosas salas de exposiciones, teatros y un interesante mercado: El Rastro. En Madrid existen muchos parques. Sus abundantes parques llevan a afirmar a los madrileños que Madrid es la capital más verde del mundo.
En el centro de Madrid –*La puerta del sol*– se encuentra el «*kilómetro cero*» de todas las carreteras importantes de España. Allí se encuentra también el símbolo de la capital: un oso y un madroño.
¿Conoce usted otra ciudad europea que tiene también un oso como símbolo?

8. Madrid y sus monumentos

Traduzca y ordene las descripciones.

a ______________________________

b ______________________________

c ______________________________

d ______________________________

e ______________________________

f ______________________________

1. El parque del Retiro es el parque más querido de los madrileños. En sus 120 hectáreas no sólo se puede disfrutar de la naturaleza, sino que también se puede encontrar exposiciones de arte, espectáculos al aire libre, etcétera. En el Retiro hay jardines muy famosos y un estanque muy bonito.

2. El Prado es un gran museo que tiene más de 6000 cuadros. El Museo del Prado es, para muchos, la mejor pinacoteca del mundo. En él se encuentran numerosas obras de artistas italianos, alemanes y sobre todo españoles.

3. La Puerta del Sol, o solamente Sol como la llaman los madrileños, es el centro de Madrid. En la Puerta del Sol está el kilómetro 0 de la red de carreteras españolas. El símbolo de Madrid es el oso y el madroño. Siguiendo la tradición, los madrileños se juntan ahí la noche de fin de año para comerse las doce uvas y desearse buena suerte, mientras suenan las doce campanadas de medianoche.

4. La plaza Mayor es el corazón del Madrid antiguo. Ahí, los madrileños celebran muchas fiestas: la fiesta de San Isidro y los carnavales, festivales de música... Bajo los soportales hay muchas tiendas y bares.

5. Hasta 1931, los reyes españoles vivieron [lebten] en el Palacio Real. Hoy, los reyes de España viven en el Palacio de la Zarzuela y sólo utilizan el Palacio Real para recepciones oficiales.

6. El Rastro es un lugar de Madrid en el que se celebra todos los domingos un mercado de objetos usados y curiosos. En el Rastro, se puede encontrar casi de todo: antigüedades, pájaros, perros, ropa militar, plantas, radios, zapatos...

10. Felipe pregunta por el Museo del Prado

Felipe, un chico de Soria, llega a la *Castellana*, una calle muy ancha. No tiene ningún plano y por eso pregunta a una chica por el Museo del Prado.

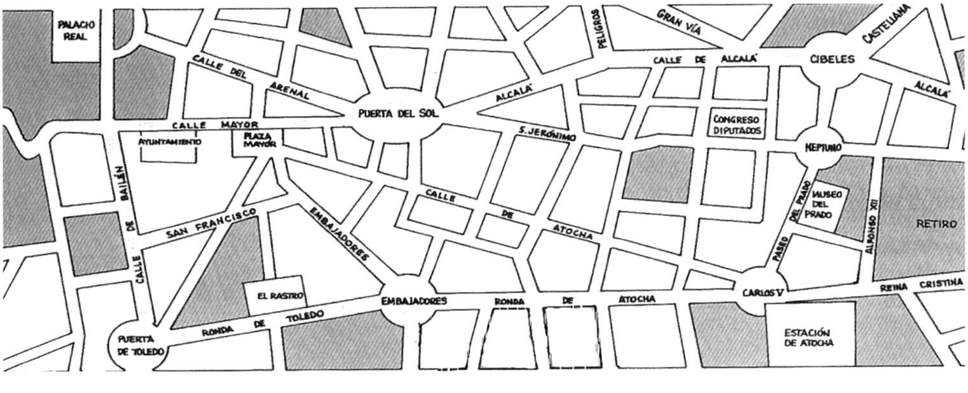

Felipe: «¿Dónde está el Museo del Prado, por favor?»
Chica: «¿El Museo del Prado? Mire... En la *Plaza de Cibeles* gira a la derecha, por *la calle Alcalá.* Sigue todo recto por el centro de la ciudad.

Pasa por la *Puerta del Sol* y sigue todo recto por la *calle Mayor*. Gira a la izquierda y toma la *calle Bailén*. Toma la segunda calle a la izquierda. Cruza la *calle Embajadores* y sigue hasta llegar a la *Estación de Atocha*. Toma el *Paseo del Prado* y a la derecha está el museo.»

Felipe: «Muchas gracias. Adiós.»

Chica: «De nada. Adiós.»

1. Busque las 7 expresiones que aparecen en el texto para explicar un camino.
2. Controle exactamente el significado de las expresiones que aparecen el plano.
3. Escriba las expresiones que se encuentran debajo del símbolo correspondiente.

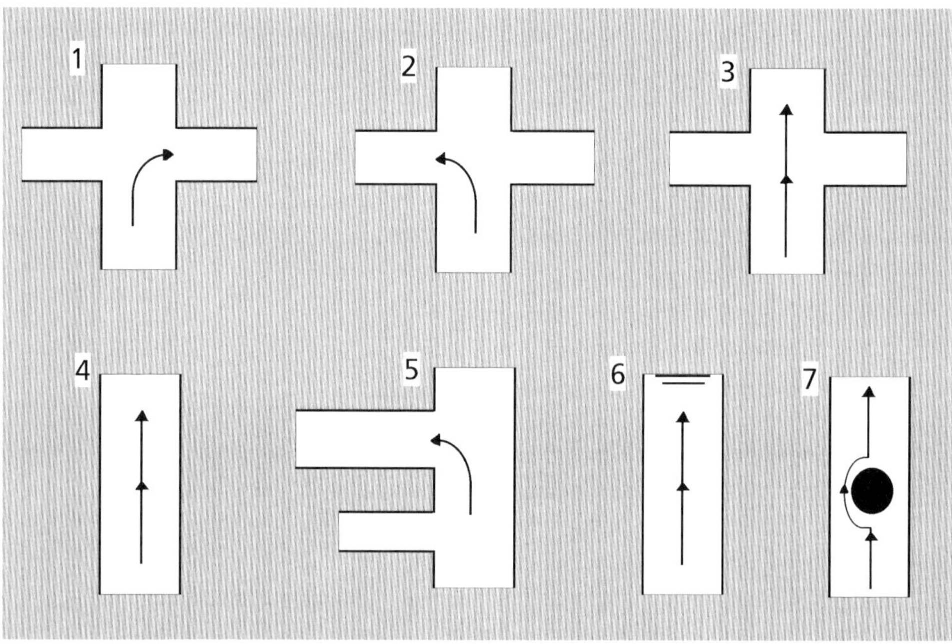

12. *Lectura comentada*

América Latina

América Latina comprende los territorios que están al sur de Río Grande (frontera entre Estados Unidos y México) y se extiende hasta el Cabo de Hornos (extremo sur de Argentina).

En América Latina hay paisajes muy variados. La cordillera de los Andes se extiende desde Panamá hasta el cabo de Hornos y tiene una longitud de más de 7000 kilómetros. Su pico más alto es el Aconcagua que mide 6960 metros. En América Central y en la zona amazónica hay grandes zonas tropicales. El río Amazonas es el más caudaloso del mundo. Hoy día, uno de los problemas ecológicos más graves de la humanidad es la explotación incontrolada de la Selva Amazónica que puede tener consecuencias gravísimas para todo el planeta.

En las Antillas, o como se dice hoy con más frecuencia en el Caribe, que es una zona de clima cálido y suelo muy fértil, viven más de treinta millones de habitantes. Cuba, Haití, la República Dominicana y Puerto Rico forman parte del Archipiélago caribeño.

En América Latina hay una gran diversidad de razas. La mezcla de los conquistadores con la población indígena origina al mestizo. Los mulatos provienen de la mezcla de los negros que, tras la conquista, se importan para trabajar en las minas y en el campo y los blancos. Las mezclas étnicas han originado una infinidad de variantes.

El Canal de Panamá, construido por los Estados Unidos e inaugurado en 1914, une a los dos grandes océanos (el Atlántico y el Pacífico) y facilita considerablemente las comunicaciones. La zona del Canal de Panamá (ocho kilómetros a cada lado de esta vía marítima) ha estado bajo la soberanía de los Estados Unidos hasta el año 2000. Cumpliendo lo acordado en el tratado de 1978, Estados Unidos ha devuelto la soberanía a Panamá en el año previsto.

Ordene las frases.

1. América Latina
2. El Río Grande
3. La Selva Amazónica
4. El Canal de Panamá
5. El Cabo de Hornos
6. El Aconcagua
7. Cuba
8. Estados Unidos

a) devuelve a Panamá la soberanía sobre el Canal en el año 2000.
b) es el pico más elevado de los Andes.
c) está en la punta más meridional de América del Sur.
d) forma frontera con los Estados Unidos.
e) forma parte de las Antillas
f) se inaugura en 1914.
g) tiene mucha importancia para el clima mundial.
h) comprende América del Sur, América Central y las Antillas.

VALENTIN, MI AMOR ¿ME QUIERES MUCHO, MUCHO?
CANTIDAD
1.
¿ME QUIERES MÁS QUE AYER Y MENOS QUE MAÑANA?
MÁS O MENOS
2.
¿Y LA SEMANA QUE VIENE, EL MES QUE VIENE, ME QUERRÁS MÁS?
SEGURO, MI AMOR!
3.
¿Y EL AÑO QUE VIENE?
MUJER... ¡EL AÑO QUE VIENE YA ESTAREMOS CASADOS!
4.

Jaime y Pilar

1. Ponga las frases en futuro y en condicional.

1. La subida del precio del petróleo obliga a reajustar los precios de los carburantes.
2. Matilde tiene interés en ir a casa de los Hernández.
3. Su entusiasmo no decrece con el paso de los años.
4. Tengo que comprar una entrada para mí.
5. Los padres deben preocuparse de dar una buena educación a sus hijos e hijas.
6. Paga su crimen con 25 años de cárcel.
7. El Gobierno intenta reducir el gasto público.
8. Dicen que no pueden acompañarnos.
9. Tengo que ir a un especialista de la vista.
10. Marta no sabe qué responder.
11. Hacen un viaje a Italia y salen mañana por la tarde.
12. La película no te gusta.

2. Complete las frases con los pronombres reflexivos.

1. María y su hermana . . . están peleando.
2. Tú, . . . tienes que peinar un poco.
3. No busques a Elena, . . . ha ido con sus primos.
4. Si hace más calor, Juana y yo . . . iremos a bañar.
5. Vosotros . . . calláis porque no es vuestro problema.
6. Ya veo que usted . . . interesa por el arte.
7. . . . encontramos en un momento fundamental de la historia.
8. El uso de los ordenadores . . . ha generalizado en los últimos años.
9. Estas empresas . . . dedican a la exportación de aparatos electrónicos.
10. El gigante vive en el bosque y . . . come a los niños que pasan por allí.
11. Vamos todas las tardes al gimnasio porque queremos mantener . . . en forma.
12. Su belleza . . . eclipsa con el paso de los años.

3. Forme el futuro próximo y el pasado reciente.

1. Tres periodistas entrevistan al presidente del Gobierno en directo.
2. Escribimos una redacción sobre la situación de los hispanos en los Estados Unidos.
3. La empresa atraviesa un momento difícil.
4. Jaime compra las entradas para ir a ver la película.
5. Las naciones beligerantes firman un tratado de paz.
6. Rosendo sale de paseo con su prima.
7. El profesor de español nos invita a cenar.
8. Os preparamos una buena paella.
9. Roberto me lo pregunta.
10. Hace un curso en París para perfeccionar su francés.
11. Rosalía termina sus estudios de farmacia en Pamplona.
12. Los gamberros llenan de pintadas las paredes del barrio.

4. Vamos al cine

Escriba las letras que faltan parar formar palabras relacionadas con el cine. (Son las palabras que faltan en la frases de abajo.)

P	1	L		11	U	7	A
D	12		14	C		O	
	N	T	4	A	9		2
S	10	S		O	13	5	S
3	A			I	6	L	8

En el cine de Goya ponen una . . . de Buñuel.
Carlos Saura es un famoso . . . de cine.
Jaime acaba de comprar las . . ..
Las . . . de noche empiezan a las 20.00.
Hay que comprar las entradas en la . . ..

5. Forme frases según el modelo.

¿Nos estás espiando?
☞ *¿Estás espiándonos?*

1. Los está entrevistando.	Está . . .
2. Nos están observando.	Están . . .
3. Lo estoy registrando.	Estoy . . .
4. ¿Le sigues telefoneando?	¿Sigues . . .?
5. Les seguimos escribiendo.	Seguimos . . .

6.	Lo continuamos visitando.	Continuamos . . .
7.	Se están peinando.	Están . . .
8.	La sigue queriendo.	Sigue . . .
9.	¿Lo seguís leyendo?	¿Seguís . . .?
10	¿Te estás riendo de mí?	Estás . . .

6. Ejercicio de traducción

Ventana sobre la utopía

Ella está en el horizonte,
–dice Fernando Birri–
Me acerco dos pasos,
ella se aleja dos pasos.
Camino diez pasos
y el horizonte
queda diez pasos más allá.
Por mucho que yo camine,
nunca la alcanzaré.
¿Para qué sirve la utopía?
Para eso sirve: para caminar.

Eduardo Galeano

7. Complete con los adjetivos y pronombres posesivos convenientes.

1. Javier siempre se equivoca y me da rabia: en vez de coger . . . paraguas se lleva . . ..
2. ¡Cuánto me gusta . . . piso, señor Lafuente! Está mucho mejor situado que . . ..
3. ¿Sabes que he conocido a un primo . . . en la universidad? Hemos hablado de . . . tíos comunes.
4. Pedro, ha sido un amigo . . . que vive en el pueblo quien me ha dado . . . nueva dirección.
5. Ellos suelen decir casi siempre su opinión, cuando en realidad no le importa a nadie . . . parecer.
6. No critico lo que haces, sino . . . condiciones de trabajo; prefiero . . ..
7. Es . . . problema. No es exclusivamente . . . ni . . . Es de los dos.
8. ¿Qué es de . . . . . . vida, señora? Hace mucho que no tengo noticias . . ..
9. El anciano descansa a la sombra; a . . . alrededor juegan . . . nietos.
10. En las últimas elecciones ha emitido . . . voto más de la mitad de los ciudadanos censados.

8. *Escriba los artículos determinados que sean necesarios.*

1. . . . Alpes están entre . . . Italia y . . . Francia.
2. Es una costumbre: . . . jueves vamos a . . . piscina.
3. . . . España ha evolucionado mucho y no tiene nada que ver con . . . España que conocí hace treinta años.
4. Son . . . doce y ya es . . . hora de marcharnos.
5. . . . señor director no vendrá hoy.
6. Al salir de . . . misa, suelen venir a . . . casa.
7. . . . mayordomo vive en . . . cortijo todo . . . año.
8. Numerosos son . . . turistas que visitan . . . Palacio Real en Madrid.
9. Tiene . . . treinta años y le consideran como un genio, pero ya lo era a . . . diez.
10. Hoy es . . . sábado 18 y tienes que terminar el informe para . . . viernes que viene.

9. *Complete la tabla.*

Infinitivo	*Presente de ind.*	*Condicional simple*	*Presente de subj.*
		[yo] advertiría	
	haces		
			sintamos
	marcáis		
		aceptarías	
			escuchen
		[él] sonaría	
			vengan
	somos		
			dirijais
		romperían	
	valen		
	sé		
		volverías	
	digo		
		[ella] mentiría	

10. *Ponga los artículos indefinidos que hagan falta.*

1. Dame . . . manzana y . . . naranja.
2. He comprado . . . cedés que te van a gustar.
3. Yo sólo bebo . . . agua.
4. Quedan todavía . . . doscientos kilómetros.

5. Tienes que comer más . . . verdura.
6. No he visto nunca . . . tal cantidad de gente.

11. Reemplace las palabras subrayadas por un pronombre.

1. Ramiro ofrece a Carmina un ramo de flores.
2. Hemos oído esta canción y nos ha gustado muchísimo.
3. Sus padres no han podido comprarle ese regalo.
4. Acabo de escribir una postal a mis compañeros.
5. Nos han recomendado este libro.
6. ¿Le has enviado el e-mail?
7. Ella va a abrir la puerta.
8. ¿Habéis podido sacar las entradas?
9. Podéis llevarle este periódico.
10. No necesito decirte lo que tienes que hacer.
11. Luis compra una novela para Carmen.
12. ¿Le has mandado el paquete certificado?
13. No te bebas el agua tan fría.
14. Estoy intentando llamar a Isabel por teléfono.
15. Estamos escuchando el CD.
16. Le van a reparar el coche antes del sábado.
17. Hace falta haber visto esa película.
18. Juan nos ha traído el CD-Rom.
19. Hace una hora que estoy esperando a Rubén.
20. Nos acaba de explicar el problema.

12. Ponga un poco de orden.

1. todavía — segregación — remedio — racial — que — que — planeta. — piensan — para — países — nuestro — no pocos — Muchos — mejor — la — la — exogamia — existe — es — en — el — de — con — acabar
2. 20 — años — aprender — aumentado — castellano — como — de — de — de — de — El — en — en — Estados Unidos — estadounidenses — están — ha — habitantes — idioma — interesados — la — lengua de Cervantes — los — los — más — materno. — millones — mucho — número — porque — que — tienen — últimos
3. ver — vecinos. — tiene — sus — su — sábado — que — puede — porque — Pilar — película — no — los — la — Jaime — ir — ir — hijos — este — de — de — cuidar — con — Buñuel — amigo — a — a — a
4. al — argentina. — aumento — crisis — de — de — de — de — de — en — exportación — ganado vacuno — ha contribuido — La — la — la — la — las — locas — los — nación — notoriamente — países — parte — por — Unión Europea — vacas

13. Ejercicio de léxico

Ordene los antónimos.

vago/a — tolerar — simpático/a — separar — seguridad — ruidoso/a — rico/a — pueril — pronto — perder — minúsculo/a — mayor — llegada — levantarse — importante — ignorar — famoso/a — desorden — crecer — comprar — comenzar — centro — bienestar — antes — anterior — amor — amentar — activo/a — aclarar — aburrido/a

gigantesco/a	. . .	menor	. . .	después	. . .
periferia	. . .	desconocido/a	. . .	posterior	. . .
disminuir	. . .	conservar	. . .	pobre	. . .
malestar	. . .	aminorar	. . .	acostarse	. . .
finalizar	. . .	insignificante	. . .	tranquilo/a	. . .
aplicado/a	. . .	orden	. . .	divertido/a	. . .
saber	. . .	serio/a	. . .	rechazar	. . .
mezclar	. . .	oscurecer	. . .	salida	. . .
tarde	. . .	vender	. . .	odio	. . .
antipático/a	. . .	incertidumbre	. . .	pasivo/a	. . .

14. Humor argentino

☺ **—¿Sabes por qué salen los argentinos a la calle cuando hay relámpagos?**
—Porque piensan que Dios los está fotografiando.

☺ **—¿Sabes cuál es el país que está más cerca del cielo?**
—Uruguay, que está al lado de Argentina.

☺ **—¿Sabes en qué se diferencian los argentinos de las pilas?**
—En que las pilas tienen un lado positivo.

15. Ejercicio de Léxico

1. acostarse:
2. comentar:
3. comerciante:
4. comercio:
5. corazón:
6. cosmético:
7. cuenta:
8. drama:
9. examen:
10. fantasía:
11. gimnasio:
12. hermano:
13. huevos:
14. levantarse:
15. llaves:
16. mayúsculo/a:
17. niñez:
18. Nochebuena:
19. perro:
20. plátano:
21. soso/a:

A. persona que tiene los mismos padres o, por lo menos, el mismo padre o madre que otra
B. con ellas se abren las puertas
C. que tiene poca sal
D. producto que se emplea para hacer más bonita la piel
E. en ella se celebra el nacimiento de Jesús de Nazaret
F. persona que vende productos
G. órgano del cuerpo humano que es símbolo del amor
H. ir a dormir
I. muy grande
J. explicar algo para que se entienda mejor
K. primera fase de la vida de la persona humana
L. animal doméstico
M. lugar donde se practican algunos deportes
N. prueba que pasan los estudiantes para constatar si dominan una materia
O. los ponen las gallinas y en Alemania se toman frecuentemente en el desayuno
P. lugar en el que venden productos
Q. capacidad de imaginar cosas que no existen
R. suceso triste y lamentable
S. en ella está escrito lo que hay que pagar
T. árbol que crece en Canarias
U. salir de la cama

A Nuria le gusta viajar

1. Indefinido

Escriba las letras que faltan. (Son posibles varias soluciones.)

1. compr_ste_s . . . .
2. est_vi_ron . . . .
3. f_im_s . . . .
4. t_ve . . . .
5. h_bló . . . .
6. com_m_s . . . .
7. v_v_ . . . .
8. hub_er_n . . . .
9. sup_st_ . . . .
10. v_nist_is . . . .
11. p_di_ron . . . .
12. p_s_ . . . .
13. h_z_ . . . .
14. and_ve . . . .
15. qu_s_ste . . . .

2. En cada hueco falta una palabra

1. —¿Qué has hecho . . . fin . . . semana?
   — . . . sábado . . . la tarde fui . . . teatro y . . . . . . noche me quedé . . . casa. ¿Y tú?
   —Yo . . . quedé . . . casa todo el fin de semana. ¿Qué vas . . . hacer esta tarde?
   —A . . . cuatro y media voy a . . . de compras y . . . las ocho y media . . . a cenar . . . casa . . . Julio y Sara
   —¡. . . bien!

2. —¡Hola! ¿Qué . . .?
   —Muy . . .. Ayer . . . al teatro y hoy . . . . . . mañana . . . ido al dentista.
   —Quiero . . . a un restaurante . . . interesante. ¿Quieres . . . conmigo?
   —Claro . . . sí. Con . . . gusto.

3. —¿Qué hora . . . ?
   — . . . las ocho menos diez.

—¿Y a . . . hora empieza la película?
—A las ocho . . . punto.
—Pues, nos . . ., que vamos a . . . tarde.

3. ¿Por o para?

1. Todas las tardes se pasean . . . esta calle.
2. Te he traído este regalo . . . ti.
3. Le han dado el puesto . . . su gran experiencia.
4. . . . poco tuvimos un accidente.
5. Perdonen . . . las molestias.
6. He bajado . . . el periódico, pero ya han cerrado.
7. ¿Hace mucho que no vas . . . el pueblo?
8. Quisiera una habitación . . . dos personas.
9. Puedes quedarte con él porque a mí no me sirve . . . nada.
10. La reunión es mañana . . . la mañana.
11. Hoy no estoy . . . nada. No me encuentro bien.
12 Todavía no estoy preparada . . . salir.

4. Ponga las formas necesarias del indefinido.

1. La semana pasada [nosotros] (ir) a un restaurante y (comer) muy bien.
2. El año pasado mi hermana (hacer) un viaje al Caribe. (Estar) allí casi dos meses y (volver) muy contenta.
3. La semana pasada una pianista (dar) un concierto en nuestra escuela. (Interpretar) obras de Albéniz y de Granados. El público (ser) muy numeroso y le (aplaudir) mucho.
4. Roberto no (querer) decírnoslo.
5. [Yo] no (poder) venir a la fiesta porque (tener) que ayudar a mi hermano hasta la diez de la noche.
6. Ayer [nosotros] le (preguntar), pero él no (querer) respondernos.
7. Ayer [yo] no (salir), (quedarse) en casa toda la tarde.
8. El mes pasado [nosotros] (estar) tres días en Londres.
9. ¿Dónde la (conocer) [tú]?
10. [El] (venir) a vernos y nos [traer] un CD de Héroes del silencio.
11. ¿Qué (hacer) [tú] el verano pasado? Nosotros (pasar) dos semanas en el sur de Francia.
12. Yo (llegar) a Barcelona a las ocho de la noche, (tomar) una habitación en un hotel y (acostarse) bastante pronto. Al día siguiente (alquilar) un coche para ir a Lérida y (pasar) el fin de semana en casa de un amigo que trabaja en un hospital.
13. [Nosotros] le (preguntar), pero él no (saber) responder.
14. Carlos y Tina (irse) directamente al hospital.

5. Complete las frases con los pronombres relativos necesarios.

1. El artículo . . . me pediste no lo encuentro.
2. Las calles por . . . hemos pasado son muy bonitas.
3. Esta es la señora de . . . te hablé el otro día.
4. Este libro es interesante, pero . . . leí la semana pasada me gustó muchísimo más.
5. Dime todo . . . sepas.
6. La chica de . . . te hablé ha pasado una temporada en París.
7. Es un autor . . . se lee mucho en Alemania.
8. No hables de . . . no entiendes.
9. Esta es la casa en . . . pasé mi niñez.
10. Su hermana se ha casado con un chico . . . conoció en Viena.
11. Esto es todo . . . me queda.
12. El autobús . . . acaba de salir llega a Madrid a las diez de la noche.
13. Esta es la causa por . . . no me quiso decir la verdad.
14. Los señores . . . he saludado son nuestros vecinos.
15. . . . quiero es que me digas donde estuviste ayer.
16. Estos son los motivos por . . . no puedo aceptar tu invitación.

6. Ejercicio de acentuación

Consulte en el diccionario los dos significados de las palabras escritas en negrita. Escriba los acentos necesarios.

1. Estas **sabanas** de algodon, se planchan facilmente.
2. Parte de la vegetacion africana, la constituye la **sabana**.
3. «No seas mas papista que el **Papa**,» le suelen repetir.
4. En la carniceria de sus **papas** se vende ternera tiernisima.
5. El medico la tranquilizo.
6. Date cuenta: su **mama** esta de agregada cultural en la embajada de España en Paris.
7. Es muy comodon y en familia se porta como un **baja**.
8. La **baja** de los impuestos sobre las sociedades reactivo la inversion.
9. En el siglo XVIII estuvo de moda el **rape** entre los aristocratas.
10. No le reconoci porque en la mili le cortaron el pelo al **rape**.

7. Ponga de relieve las partes subrayadas.

1. No <u>me</u> han querido invitar.
2. No les quiero comprar <u>el libro</u>.
3. Pilar os ha sacado <u>los billetes</u>.
4. No <u>nos</u> han querido decir nada.
5. No <u>le</u> quiero enseñar la revista.
6. Ya te han preparado <u>el café</u>.

Adivinanzas

Soy de un color muy brillante
que al azul no puedo ver,
porque cuando estoy con él
me pone verde al instante.

7. No <u>me</u> lo han preguntado.
8. No le hemos querido entregar <u>la carta</u>.
9. Roberto <u>les</u> ha regalado un ramo de flores.
10. No hemos visto <u>a Ricardo</u>.
11. No <u>los</u> quieren invitar.
12. No <u>te</u> ha querido comprar dos discos.

Si la tengo
no te la doy
y si no la tengo
te la doy

8. Forme los diminutivos.

voz	. . .	viento	. . .	tren	. . .	tenedor	. . .
taza	. . .	siesta	. . .	señora	. . .	rueda	. . .
rincón	. . .	pulsera	. . .	plaza	. . .	pies	. . .
pan	. . .	pájaro	. . .	nuez	. . .	nena	. . .
muñeca	. . .	mesa	. . .	manos	. . .	maleta	. . .
luz	. . .	llave	. . .	libro	. . .	lámpara	. . .
jardín	. . .	hotel	. . .	globo	. . .	dolor	. . .
cuchara	. . .	cruz	. . .	cofre	. . .	coche	. . .
chico	. . .	casa	. . .	canción	. . .	calle	. . .
barco	. . .	avión	. . .	alfiler	. . .	abuelo	. . .

9. Ponga los interrogativos.

1. ¿. . . coches ha fabricado Seat este año?
2. Dime . . . es el actual jefe de gobierno en España.
3. ¿. . . se tarda para ir de Madrid a Sevilla con el AVE?
4. ¿. . . películas te gustan? ¿. . . son tus artistas preferidos?
5. ¿. . . me puede indicar cómo se va a la Plaza de Cataluña?
6. ¿. . . son las obras más conocidas de Neruda? ¿. . . has leído tú? ¿Muchas?
7. Dime con . . . estabas charlando ayer en el mercado.
8. Pero, ¿. . . estáis haciendo?
9. ¿. . . fueron los que destrozaron estos bancos?
10. ¿. . . veces te hemos repetido que no queremos volver a verle?
11. ¿En . . . parada bajáis?
12. ¿. . . consigues teclear tan rápido?
13. ¿. . . firmas recogiste para la petición?
14. ¿. . . son los monumentos de Córdoba que has visitado esta vez?

10. *Escriba el nombre de los habitantes de los siguientes países, ciudades o regiones.*

1. San Sebastián
2. Cádiz
3. Valladolid
4. Ávila
5. Costa Rica
6. Salamanca
7. Granada
8. Burgos
9. La Mancha
10. Tibet
11. Nueva Zelanda
12. India
13. Córdoba
14. Extremadura
15. Huelva
16. República Dominicana
17. Galicia
18. Oviedo

El pequeño puerto de Muros (Galicia)

11. *Ejercicio de léxico*

Ordene los sinónimos.

acabar — aceptar — adentrarse — afirmar — alrededor de — analizar — bonito/a — cercano/a — comida — configurar — costumbre — culto/a — demostrar — desarrollado/a — desgraciadamente — diferenciar — diferente — dificultad — emplear — gustar — habitar — horrible — ignorar — mostrar — motivo — numeroso/a — obtener — oír — poner — preguntar — quedarse — sentarse — simpático/a — suerte — tocar — viejo/a

vivir	. . .	utilizar	. . .	unos	. . .
tomar asiento	. . .	terrible	. . .	terminar	. . .
razón	. . .	próximo/a	. . .	problema	. . .
probar	. . .	permanecer	. . .	penetrar	. . .
nutrido/a	. . .	lograr	. . .	lindo/a	. . .
interrogar	. . .	interpretar	. . .	infelizmente	. . .
industrializado/a	. . .	ilustrado/a	. . .	hábito	. . .
fortuna	. . .	formar	. . .	estudiar	. . .
escuchar	. . .	enseñar	. . .	distinto/a	. . .
distinguir	. . .	desconocer	. . .	colocar	. . .
aseverar	. . .	anciano	. . .	amable	. . .
alimento	. . .	agradar	. . .	admitir	. . .

Playa

Las barcas de dos en dos
como sandalias del viento
. . . a secar al sol.

Yo y mi sombra, ángulo recto.
Yo y mi sombra, libro . . ..

Sobre la arena
como despojo del mar
. . . . . . un niño . . ..

Y más allá . . .
tirando de la maromas
amarillas y salobres.

Yo y mi sombra, ángulo recto.
Yo y mi sombra, libro . . ..

Manuel Altolaguirre

1. Escuche atentamente el poema.
2. Complete las palabras que faltan.
3. Consulte en el diccionario o pregunte al profesor las palabras desconocidas.
4. Escriba los infinitivos de los cuatro participios que aparecen en el texto.

Chistes de gallegos

☺ ***¿Por qué desapareció la Marlboro de Galicia?***
—Porque los gallegos al ver los anuncios comerciales compraban caballos.

☺ ***¿Cómo mantienes a un gallego moviéndose todo el día?***
—Lo metes en un cuarto redondo y le dices que se siente en la esquina.

☺ ***Cómo reconoces a un gallego en una discoteca?***
—Es el único que lleva walkman.

☺ ***¿Por qué no les gusta a los gallegos subirse a la planta alta de los autobuses de dos pisos?***
—Porque el piso superior no tiene chófer.

Noche de ronda

María Teresa Lara

Noche de ronda,
qué triste pasas,
qué triste cruzas por mi balcón.
Noche de ronda, cómo me hieres,
cómo lastimas mi corazón.

Luna que se quiebra
sobre la tiniebla
de mi soledad. ¿Adónde vas?
Dime si esta noche
tú te vas de ronda
como ella se fue. ¿Con quién estás?

Dile que la quiero,
dile que me muero
de tanto esperar. ¡Que vuelva ya!

Que las rondas no son buenas,
que hacen daño, que dan pena,
que se acaba por llorar.

Noche de ronda*, how sadly you pass,
how sadly you fall across my balcony.
Noche de ronda,
How you hurt me
How you wound my heart.

Moon, that breaks through
the darkness of my solitude,
where are you going?
Tell me if you're going out
tonight on your rounds
like she has gone,
and with whom?

Tell her that I love her
Tell her that I'm dying
from waiting so long
for her to return.

That making the rounds isn't good.
It has harm,
that gives pain,

* Noche de Ronda is quickly translated into «nightwatch», but more closely means «making the rounds». Everything seems to be making its rounds on this night, except him. He holds his own personal night watch or «vigil» desperately waiting and hoping she will return. As he watches and waits, the night makes it's nightly rounds, the moon is out making it's nightly rounds, but the rounds that are breaking his heart are the rounds that she is making. These words hold the most meaning when left in the original form, hence I leave them as «Noche de Ronda».
Sandra/Sandy

Noche de Ronda

María Teresa Lara

Pablo nos habla de su infancia

1. Complete la tabla.

Infinitivo	*Futuro simple*	*Pretétito perf.*	*Pretérito imp.*	*Presente subj.*	*Pretérito ind.*
	seremos				
		ha dicho			
			sabían		
					devolvieron
				dispongáis	
			[yo] preveía		
		hemos hablado			
	saldrás				
		has obtenido			
			pagábamos		
					escribiste
	irán				
		hemos andado			
				tengas	

2. Complete el texto.

1. En el pueblo en el que . . . Pablo cuando era . . . no había . . . coches. Cuando los . . . de la población querían ir . . . la capital de la provincia tenían que ir al pueblo . . . para coger el autobús.
2. A Pablo, le . . . mucho ir con su padre . . . campo, pero su padre no . . . llevaba muchas veces. Decía que . . . trabajaba no podía ocuparse de . . ..
3. Pablo, . . . de ir a la cama, se entretenía . . . con su hermano, porque en su casa no . . . televisión.

3. Traduzca con la ayuda del diccionario los dos textos y ponga los verbos del primero en presente y los del segundo en imperfecto de indicativo.

a) «Cuando andaba tenía un aire marcial a la par que gracioso; corría como un gamo; tiraba piedras con tanto tino que mataba los gorriones y de un brinco se plantaba sobre el lomo del potro más cerril o del mulo más resabiado. Juanita barría y aljofifaba, fregaba los platos, enjalbegaba algunos cuartos y la fachada de la casa que era la más limpia de la población y hasta agarraba su cantarillo e iba por agua a la fuente. Era ya Juanita una guapa moza en toda la extensión de la palabra.»
Azorín

b) «Una honda diferencia separa a unos y a otros: el patrono rebaja y escatima en el jornal cuanto puede; el obrero dilata cuanto puede los descansos en el trabajo y hace éste con la mayor desgana. Las tierras son cultivadas someramente. Enormes extensiones permanecen incultas, en tanto que los brazos están parados. Los señores viven hoscamente metidos en sus casas; no quieren saber nada de los trabajadores; no tienen trato ni comunicación con ellos. Y el odio de estos labriegos acorralados, exasperados, va creciendo, creciendo.»
Azorín

4. Complete con la preposición necesaria.

1. Me fui de vacaciones pero tuve que volver . . . los tres días.
2. La ganadería era la principal fuente . . . riqueza . . . este pueblo.
3. Se lo tendremos arreglado . . . unas horas.
4. Bajad . . . cenar, que ya está todo preparado.
5. Nos sentamos todos . . . la mesa.
6. Puedes dejar el abrigo . . . la silla.
7. España permaneció neutral . . . la Segunda Guerra mundial.
8. Se fueron . . . vivir . . . Italia.
9. El tabaco es perjudicial . . . la salud.
10. Vi . . . tus amigos . . . la discoteca.
11. La duración máxima . . . una legislatura . . . España es . . . cuatro años.
12. Salgo un momento . . . comprar el periódico.
13. Las declaraciones del ministro . . . la situación económica eran preocupantes.
14. He pensado mucho . . . todo lo que me has dicho.
15. Delegó algunas . . . sus funciones directivas . . . sus colaboradores más directos.
16 No voy . . . invitar . . . nadie más.
17. Comprarme un coche no estaba . . . mis posibilidades económicas.

5. *¿Qué forma es? ¿La de la primera persona (yo) o la de la tercera persona (él, ella, usted) del singular?*

	YO	EL/ELLA/ USTED
1. Llegó ayer a las 9 de la noche.		
2. En 1999 vivió en Colombia.		
3. El martes fui al cine.		
4. Ayer no dije la verdad.		
5. Estuvo medio año en Madrid.		
6. El sábado cenó a las 10 de la noche.		
7. Se fue a dormir.		
8. Ayer pagué las cuentas.		
9. La semana pasada quiso visitar a mis amigos.		
10. El año pasado estuve en Perú.		
11. Ayer le dio el libro.		
12. En el mes pasado tuve que estudiar mucho.		

6. *¿Pero o sino?*

1. No, no está encima, . . . debajo.
2. No, no me ha gustado mucho, . . . tiene cosas interesantes.
3. La función no empieza a las siete, . . . a las ocho.
4. No sólo no está bien, . . . que ha empeorado mucho.
6. No le dije que era indispensable, . . . sí importante.
7. No sólo no viene, . . . que ni siquiera llama.
8. No sólo me ha parecido caro, . . . que además no es muy bueno.
9. No puedo decirle quien es, . . . su cara me suena de algo.

7. *Ponga el texto en el pasado.*

Son las nueve de la tarde. José Antonio está en casa de su tía. Su tía lo ha invitado a cenar. José Antonio está sentado en el comedor y lee una revista. A las nueve y cuarto llaman a la puerta. José Antonio cierra la revisa, la pone encima de la mesa, sale del comedor y va a abrir la puerta. Es Juanito, un amigo de José Antonio que trabaja en Sariñena. Juanito entra, saluda a José Antonio, pasan por la cocina para dar los buenos días a la tía, van al comedor, se sientan y hablan un poco. Como su tía todavía no ha terminado de preparar la cena, los dos amigos van a un bar que no está lejos. En el bar hay mucha gente y hace mucho calor. Piden dos cervezas, conversan un rato y pagan. Poco después ya se encuentran en casa de la tía de José Antonio. Juanito se queda a cenar con ellos. El hermano de José Antonio, que también está invitado, llega un poco retrasado porque ha tenido que hacer dos horas extraordinarias. Junanito les dice que la semana que viene tiene que pasarla en Barcelona porque quiere aprovechar los días de vacaciones que le quedan para visitar a su hermana. A las once de la noche vuelven los tres a su casa porque al día siguiente quieren levantarse pronto. José Antonio y su hermano llegan a casa a las once y diez, ponen la televisión para ver las noticias, conversan un poco y se van a la cama.

8. Ejercicio de léxico

Ponga los respectivos artículos determinados a los siguientes substantivos y escriba los verbos que pueden corresponderles.

aceptación	. . .	camino	. . .	causa	. . .
comida	. . .	conocimiento	. . .	desenvolvimiento	. . .
distribución	. . .	emigración	. . .	entendimiento	. . .
entretenimiento	. . .	fin	. . .	facilidad	. . .
independencia	. . .	interés	. . .	libertad	. . .
lucha	. . .	merienda	. . .	ocasión	. . .
participación	. . .	pasión	. . .	peregrino	. . .
pesca	. . .	previsión	. . .	redescubrimiento	. . .
residente	. . .	resultado	. . .	solución	. . .
teléfono	. . .	tolerancia	. . .	trabajo	. . .
venida	. . .	vida	. . .	vuelo	. . .

9. Causa y consecuencia

Subraye los elementos que expresan la causa y traduzca las frases.

1. No vine porque no tenía ganas.
2. De tanto comer, se puso a engordar.
3. Gracias a mi hermano, resolví el problema.
4. Cállate que el niño está durmiendo.
5, Consiguió lo que se había propuesto a fuerza de tenacidad.
6. Lo recompensaron por su valor.
7. No salimos de tanto como nevaba.
8. Por culpa suya, nos peleamos con los vecinos.
9. El almacén está cerrado por vacaciones.
10. Por tímida no se atrevió a contestar.
11. No pudimos entrar de tanta gente como había.

10. Una las frases empleando un nexo causal.

1.	Llegó tarde.	Perdió el tren.
2.	Fuma mucho.	No para de toser.
3.	No me llevaba al campo.	No podía ocuparse de mí.
4.	No compran la casa.	No tienen bastante dinero.
5.	Me ayudaste.	Resolví el problema.
6.	Tienes que cerrar la puerta.	Hace frío.
7.	No ha preparado bien el examen.	Está preocupado.
8.	Obtenía todo lo que se proponía.	Era muy constante.
9.	Estaba contento.	Saltaba como una cabra.
10.	No la saludaremos.	No responde nunca.
11.	El comercio está cerrado.	Ha habido una defunción en la familia.
12.	No vino.	No tenía tiempo.

11. Pronombres personales

1. ¿No . . . dijiste a Begoña lo que ocurrió?
   ☐ la ☐ lo ☐ le
2. María estaba en el salón; . . . vi cuando entré.
   ☐ la ☐ lo ☐ le
3. Este libro, . . . compramos en Jaca.
   ☐ la ☐ lo ☐ le
4. ¿Las corridas de Pamplona? . . . retransmitirán por el Canal +.
   ☐ las ☐ los ☐ les
5. Señorita, ¿sabe . . . a qué hora sale el avión para Sevilla?
   ☐ ella ☐ yo ☐ usted
6. Señores López, por favor, que . . . llama . . . hijo.
   ☐ les/vuestro ☐ os/su ☐ les/su ☐ os/vuestro
7. Al subir, se llevó las llaves . . .
   ☐ con ella ☐ consigo ☐ con sigo
8. Llamó a su amiga; saldrá . . . esta noche.
   ☐ con ella ☐ consigo ☐ con él
9. No quiere que lo molesten cuando estudia; ya . . . . . . ha dicho veinte veces.
   ☐ le lo ☐ se la ☐ se lo ☐ les lo
10. Niños, basta ya ¡. . .!
    ☐ cállense ☐ callaos ☐ callad?
11. ¿De quién es este bolso? ¡De Laura! ¿puedes llevar . . .?
    ☐ le la ☐ se lo ☐ le lo
12. No busques más las rosquillas. Los niños . . . han comido todas.
    ☐ le la ☐ se las ☐ les las

12. *Traducción*

Máquinas inteligentes

Pedro estaba en la sala de espera de un aeropuerto, vio allí una báscula computarizada que daba el peso y revelaba la fortuna.

Decidió hacer la prueba, metió una moneda en la ranura y leyó en la pantalla: «Usted pesa 88 Kilos, está casado y está a punto de viajar a San Diego». Pedro se quedó anonadado.

En seguida, otro hombre usó el aparato. Esta vez la pantalla puso el siguiente mensaje: «Usted está divorciado, pesa 94 Kilos y se dispone a viajar a Chicago».

Pedro le preguntó: Es cierto que usted está divorciado y se dispone a viajar a Chicago?

Así es, contestó el otro hombre.

El asombradísimo Pedro corrió al baño, se cambió de ropa y se puso unas gafas oscuras. Volvió a pesarse en aquella báscula, esta vez el mensaje fue: «Usted sigue pesando 88 Kilos, todavía está casado, y acaba de perder su vuelo a San Diego».

13. *Lectura comentada*

El spanglish

El español ha llegado a ser la segunda lengua en varias partes de los Estados Unidos. Los avisos públicos en Nueva York se publican actualmente en dos lenguas, particularmente debido a la gran afluencia y presencia de ciudadanos procedentes de Puerto Rico, refugiados de Cuba y muchos otros emigrantes de habla hispana. Como consecuencia de ello y debido a la proximidad geográfica de Hispanoamérica, el interés por el estudio de la lengua española ha aumentado de manera espectacular en los últimos años.

Como es natural, dos lenguas que viven en contacto permanente se influyen también mutualmente. En el caso del español y del inglés en Norteamérica, la influencia es tanta que más de un estudioso ha llegado a decir que lo que está surgiendo es una nueva lengua, el *spanglish*, es decir, un lenguaje intermedio entre el español y el inglés, o, mejor dicho, un lenguaje que se basa en palabras, morfología y sintaxis tanto del español como del inglés.

El bilingüismo es un caso tan frecuente entre los puertorriqueños que apenas es preciso señalarlo. En cualquier bar o restaurante de Nueva York puede oírse con frecuencia cómo dos personas de aspecto más bien latino se comunican entre sí mezclando continuamente expresiones y frases en español e inglés. El proceso es inconsciente.

Pero todavía más frecuente es el uso de palabras «españolizadas» o «inglesizadas». Una conversación como la siguiente fue anotada en los Estados Unidos:

«Tenemos muchos *trubles*. En la última *frisada* se nos rompieron las *paipas* y la *jira* calentaba tanto que tuvimos que abrir la *güindo* para *culear* el cuarto.»

En este caso las *trubles* se refieren a las «troubles», la *frisada* deriva de «freeze», con las *paipas* se hace referencia a las «pipes», con güindo se quiere decir «window» y por culear se quiere dar a entender «to cool».

Las áreas de influencia y de interferencia se extienden también a territorio mexicano. El periódico mexicano *Excelsior* decía ya el 29 de marzo de 1972 que el esmog (inglés: «smog») se extendía por todo el distrito federal. Y tanto en Cuba como en algunos países de Sudamérica se habla de «parquear» (aparcar), «pluma de fuente» (pluma estilográfica), «queque» (pastel)...

En muchos casos el inglés se utiliza en la vida profesional mientras que el español se reserva para la vida familiar y entre amigos de la misma cultura y nación. ¿Acaso nos encontramos frente a una nueva lengua o dialecto? ¿O acabará el mundo circundante por asimilar totalmente a esos millones de emigrantes de habla hispana? ¿A qué idioma pertenecen palabras como *beibisitear* o *wife*?

D. N., Octubre 1999

La Guerra Civil española

1. Ejercicio de léxico

Escriba los substantivos que corresponden a los siguientes verbos.

triunfar	. . .	suprimir	. . .	superar	. . .
suponer	. . .	simpatizar	. . .	sancionar	. . .
probar	. . .	preparar	. . .	perder	. . .
oprimir	. . .	olvidar	. . .	ocupar	. . .
mantener	. . .	llamar	. . .	justificar	. . .
intervenir	. . .	impedir	. . .	favorecer	. . .
explicar	. . .	exponer	. . .	excluir	. . .
elaborar	. . .	destruir	. . .	desencadenar	. . .
derrotar	. . .	defender	. . .	declarar	. . .
dimitir	. . .	determinar	. . .	culminar	. . .
coordinar	. . .	controlar	. . .	confesar	. . .
condenar	. . .	comentar	. . .	coincidir	. . .
castigar	. . .	aprovechar	. . .	apoyar	. . .
anular	. . .	aniquilar	. . .	amparar	. . .
acceder	. . .	abrir	. . .	abandonar	. . .

2. Redacción

Exponga las causas y consecuencias de la Guerra Civil española.

3. Un viaje a Londres

Ponga el texto en el pasado.

(Ser) una mañana fresca del mes de agosto. Yo (estar) en el aeropuerto de Zaragoza. (Querer) ir a Londres. En la sala de salidas (haber) muchos pasajeros, entre ellos una madre con tres niños pequeños. Ella (parecer) estar cansada, pero los críos no (parar) de correr por la sala.

Por fin, (anunciar) la salida del avión. La mujer y sus tres hijos (entrar) en el aparato y las azafatas (abrochar) los cinturones de seguridad a los tres niños. Yo (sentarse) en mi lugar y (empezar) a conversar con el viajero a mi lado. No [nosotros] (llevar) mucho tiempo en el avión, cuando los niños (descubrir) el botón para llamar a las azafatas. Las azafatas (estar) furiosas porque los niños no (dejar) de apretar el botón.

La pobre madre (intentar) controlar a sus hijos, mas ellos (continuar) con diabluras. Por fin, el avión (aterrizar) en Londres después de sólo sesenta minutos de vuelo, pero, a mí, me (parecer) un viaje interminable.

Inspirado en: J.M. Soto, Ejercicios de gramática

4. Ficha

Manuel Vásquez González,
natural de Santiago,
profesión: campesino,
edad: veintiocho años,
talla: un metro setenta
y nunca condenado.
La barba redonda,
el cabello castaño,
la nariz fuerte y recta,
vivos los ojos pardos.
Las cejas muy pobladas.
Como un roble plantado,
duro, fuerte, copudo.
Masón, republicano,
desvelo del cacique
de su húmedo poblacho.
(No es de Santiago mismo,
es de un pueblo de al lado).
Vánsele algunas cosas
porque es un poco tardo
como si fuera el suyo
mundo tallado a hachazos.
Las beatas del valle
teníanle por diablo.

Un miliciano, miembro del sindicato anarquista CNT, pierde la vida en un campo de batalla cercano a Córdoba en el año 1936. Se trata de uno de los más famosos documentos fotográficos de la Guerra Civil española y es obra del mundialmente reconocido como mejor fotógrafo de guerra Robert Capa (1913-1953).

Max Aub, Diario de Djelfa (1944)

Cuestionario de estudio

1. Lea y trate de entender el texto con la ayuda de un diccionario.
2. ¿Cuáles son los rasgos físicos distintivos de Manuel?
3. ¿Qué nos dice la ficha de las ideas políticas y religiosas de Manuel?
4. ¿Se puede decir, partiendo del poema, que Manuel es un intelectual?
5. Haga una ficha de sí mismo o su vecino teniendo en cuenta el orden seguido en el poema.

5. *Me descubrí pensando*

Me descubrí pensando, al leer la noticia de que el número de hispanos iguala ya al de negros en EE UU, que probablemente los blancos, temerosos de sus prebendas, (alarmarse) por ello y (empezar) a tomar algún tipo de medidas discriminatorias y de control.

Me descubrí pensando que si voy a Estados Unidos tal vez yo mismo (tener) problemas.

Me descubrí pensando que, bueno, en todo caso, seguramente mi buen acento inglés y mi pelo castaño claro sin trazas de rasgos de indiano me (evitar) esos problemas porque les (indicar) a los anglosajones, tan reaccionarios ellos, que yo soy hispano de Europa, *of Spain*, vamos, que soy diferente, que no soy como esos a los que temen.

Me descubrí pensando... y me empiezo a avergonzar.

Luis Miguel Santos Unamuno. Salamanca

a) Ponga los verbos que están entre paréntesis en el condicional.
b) Traduzca el texto que ha reconstruido.

6. *El mendigo*

Al centro comercial se accede por una amplia galería llena de lujosos escaparates y allí hay un mendigo tocando la flauta. Una señora con visón y bolso de Prada pasa por delante. El mendigo interrumpe la melodía y le tiende la mano para pedirle una limosna. La señora dice: lo siento, llevo prisa, y apresurando instintivamente el paso entra en el establecimiento. El mendigo no pide limosna a cambio de nada. Con la flauta toca el Himno a la alegría, la única pieza que sabe. La señora compra algunas cosas en el centro comercial, toma el aperitivo en la cafetería y luego decide salir a la calle. Un guarda jurado de enormes bíceps le abre la puerta de cristal que da a la amplia galería, donde la flauta del mendigo aún está sonando. Allí mismo se le acerca a la señora por detrás un tipo patilludo con bambas y anorak, la derriba con una llave de yudo, le arrebata el bolso y huye a toda velocidad a lo largo del corredor. Nadie de cuantos circulan a su lado hace nada por detenerlo. Todo el mundo queda paralizado. También el guarda jurado, que ha contemplado el atraco a través del cristal, permanece impasible. A él le pagan para proteger únicamente a los clientes dentro del establecimiento. Sólo el mendigo reacciona mientras la señora está gritando en el suelo. Interrumpe el Himno a la alegría, suelta la flauta y sale detrás del atracador. Al parecer, el mendigo tiene bajo los harapos un cuerpo de atleta, porque no sólo lo alcanza sino que además se faja con él, lo inmoviliza y recupera el bolso que contenía, entre otras cosas, 42.000 pesetas y un Dupont de oro. El mendigo se lo entrega a la señora y a continuación comienza a tocar la flauta de nuevo. La señora trata de recompensarle por su heroísmo, pero el mendigo se niega a aceptar nada que no sea una limosna ordinaria. Cree que se la merece por el simple hecho de tocar el Himno a la alegría. La señora rebusca en el bolso una moneda de 100 pesetas, la echa en el estuche que hay en el suelo y el mendigo inclina la cabeza y se lo agradece. La señora se pierde en la calle.

Manuel Vicent, El País, 4-12-1996

Busque en el diccionario las palabras desconocidas y ponga el texto en el pasado.

7. Ponga las frases en el presente.

1. La fuerza pública contuvo los motines. — 2. Llevaba su enfermedad con mucha paciencia y nunca se quejaba de su mala suerte. — 3. El cultivo intensivo de la tierra requería grandes inversiones en maquinaria. — 4. Klaus me dijo que entendía perfectamente lo que yo le decía. — 5. Mi jefe me profería reproches que yo no podía aceptar. — 6. El plan de desarrollo preveía la instalación de nuevas industrias en la aquella región. — 7. El acusado negó su culpabilidad. — 8. Se sabía que su poder de convicción era tal que todos terminaban dándole la razón. — 9. [Yo] presentí que entre tú y él habría problemas. — 10. No compré el coche porque no tenía suficiente dinero. — 11. En aquella zona llovía muchísimo. — 12. Los periódicos informaban que las empresas españolas querían incrementar sus inversiones en Latinoamérica. — 13. La UNICEF dio a conocer que cada día morían varios niños en los suburbios de aquella ciudad. — 14. Atravesaron la calle estando el semáforo rojo. — 15. La policía lanzó botes de gases lacrimógenos para disolver la manifestación. — 16. El problema adquiría cada día mayor importancia. — 17. Los abuelos no estaban de acuerdo con la educación que recibían sus nietos. — 18. José Ignacio dormía siempre hasta las nueve. — 19. Su hermano trabajaba de intérprete en una empresa que importaba fruta de los países del sur de Europa. Ganaba mucho dinero. — 20. Me dijo que mis problemas no le concernían. — 21. Los ecologistas organizaron una manifestación para protestar contra la construcción de una central nuclear en esta comarca. — 22. El problema era que los políticos no defendían los derechos de la clase trabajadora. — 23. Los piratas informáticos solían acceder a la información de otros ordenadores a través de redes. — 24. [El] no sabía qué había pasado. — 25. Nos dijeron querían vender el apartamento porque tenían problemas económicos.

8. Transforme los adjetivos en adverbios siguiendo el modelo.

inmediato
☞ *inmediatamente*

1. moderado ☞ . . . .
2. fácil ☞ . . . .
3. claro ☞ . . . .

4. lento ☞ . . . .
5. difícil ☞ . . . .
6. cómodo ☞ . . . .
7. rápido ☞ . . . .
8. alegre ☞ . . . .
9. suficiente ☞ . . . .
10. actual ☞ . . . .
11. exacto ☞ . . . .
12. probable ☞ . . . .
13. lentísimo ☞ . . . .
14. raro ☞ . . . .

9. ¿Para o por?

1. He comprado un ordenador . . . mi hija.
2. En esta época, . . . la mañana, suele hacer bastante frío.
3. . . . mí, el viaje . . . Galicia fue una experiencia inolvidable.
4. Tengo que terminar de escribir este trabajo . . . mañana.
5. . . . no cansarse hay que comer bien.
6. ¿Hace mucho tiempo que no viene . . . aquí?
7. El verano pasado pasamos . . . Santiago de Compostela.
8. Esto es . . . morirse de risa.
9. ¿Ya has ido . . . las entradas?
10 . . . la tarde, pasearon un poco . . . el casco viejo de la ciudad.
11. Galicia es muy conocida . . . sus rías.
12. Faltan dos días . . . el regreso.
13. Te llamo . . . saber si vas a venir.
14. Este cuadro me lo vendieron . . . 300 euros.
15. Han preguntado . . . tu hermano.
16. Siente una verdadera pasión . . . el deporte.
17. Lo que puedas hacer hoy no lo dejes . . . mañana.

10. El mercadillo eterno de La Paz

No sé si, como dicen, antes había en La Paz menos indios porque no los dejaban entrar en las grandes ciudades, pero hoy en día la capital boliviana hormigea de ellos.

Indios en todas partes, descubiertos o con fieltros, ellos, con su bombín tradicional, ellas, ese bombín tan asombroso en latitudes lejanas de su origen británico y cuya adaptación se explica por varias teorías; un bombín que se lleva no encajado, sino encaramado, coronando la cabeza de cabellos negrísimos. Más abajo, la «pollera», o falda de amplio vuelo, y en la espalda, el inevitable fardo, que puede ser el niño dormido o las mercancías de procedencia más o menos legal.

A ambos lados, hasta perderse de vista, hay tenderetes o sencillamente unas mantas extendidas en el suelo sobre las cuales aparecen objetos de todas las clases.

—En un mercadillo... ¿Un día a la semana?

—Mercadillo eterno.

Todos los días y todo el día están aquí. Los comerciantes con establecimiento abierto y pago de tasas municipales se quejan con razón, pero no consiguen que el Gobierno haga nada para evitar esa competencia ilícita. Se les dejó en los primeros tiempos y ahora ya constituyen lo que en el capitalismo se llama grupos de presión. En cuanto se amenaza a sus actividades pueden movilizar, entre parientes y amigos, 30.000 personas que llenan las calles gritando, y acaban haciéndose oír. Ya es parte de la vida de La Paz.

He recorrido despaciosamente esos campamentos comerciales en los que madres e hijos –pocas veces se ve a un hombre– esperan pacientemente la llegada del comprador del trapo, de la baratija, de la fruta seca o del juguete.

Sí, es una vida social la del vendedor. Una señora argentina conocida mía vio en un puesto varios limones, le parecieron baratos y sin discutirlo quiso quedarse con todos.

—Ah, no, dijo la vendedora.

—¿Por qué no? Ni siquiera he regateado. Me los llevo todos. ¿Por qué no quiere vendérmelos?

Contestó la india:

—¿Y qué hago yo luego toda la tarde?

Necesidad vital, pretexto social, forma de vida. Esta es la venta callejera de La Paz, el 80% de su venta y la impresión del viajero es de asombro. Aquí todo el mundo parece vender... Pero ¿a quién? Parece haber cinco puestos para cada cliente, un cliente además modesto, a juzgar por las apariencias. ¿Quién compra a todos esos vendedores?

Fernando Díaz-Plaja, El País, 8-8-1979

Anotaciones

hormigear de:	tener cantidades inmensas de
fieltro (m.):	sombrero
bombín (m.):	sombrero hongo [Melone]
encajado/a:	muy metido
encaramado/a:	puesto
fardo (m.):	bulto [Packen]
de procedencia:	de origen
tenderete (m.):	puesto de venta al aire libre
tasa (f.):	impuesto [Steuer]
trapo (m.):	paño [Tuch]
baratija (f.):	cosa de muy poco valor
regatear:	discutir sobre el precio
callejera:	de la calle

Preguntas sobre el texto

1. ¿Qué nos dice el texto del número de indígenas de la capital boliviana?
2. La actividad comercial de los indios en La Paz es designada por el autor como mercadillo eterno. Explique brevemente y con sus propias palabras lo que Díaz-Plaja quiere hacer ver con esta designación.
3. ¿Cuáles son los grupos sociales de La Paz no que pueden estar de acuerdo con esta práctica?
4. ¿Por qué no les es posible defenderse?
5. ¿Qué productos ofrecen los comerciantes indios a los clientes?
6. ¿Por qué deberíamos modificar el nombre de los vendedores en la cuestión anterior?
7. ¿Qué quería comprar cierto día una señora argentina a una vendedora india?
8. ¿Obtuvo la argentina lo que quería?
9. ¿Qué dice el autor de la relación cliente-vendedor al final del texto?

11. Gabriel José García Márquez

1926 Nace en Arrabaca. Sus padres se van a Riochacha. Vive ocho años con sus abuelos. Infancia triste y aburrida.
1936 Estudios en Bogotá. Sentimiento de soledad.
1947 Ingreso en la universidad. Amigo de Camilo Torres (muerto en la lucha revolucionaria).
1948 Cierre de la universidad por razones políticas.
1950 Regreso a Barranquilla. Sus amigos intelectuales se reúnen periódicamente con él.
1951 Publicación de su primera novela.
1954 Vuelta a Bogotá.
1958 Boda.
1959 Viaje a Cuba.
1961 Larga estancia en Nueva York.
1983 Premio Nobel de literatura por su novela Cien años de soledad.

Ejercicios

a) Escriba la biografía de García Márquez. Puede consultar una enciclopedia o buscar informaciones en Internet.
b) Redacte las preguntas de una posible entrevista con el autor latinoamericano.

—Señor García Márquez, sabemos que usted es colombiano.

1. —¿. . .?
   —Nací en Arrabaca.
2. —¿. . .?
   —Viví ocho años con ellos.

3. —¿. . .?
—Triste y aburrida.
4. —¿. . .?
—En 1947
5. —¿. . .?
—En la lucha revolucionaria.
6. —¿. . .?
—Por razones políticas.
7. —¿. . .?
—En 1951.
8. —¿. . .?
—En 1954.
9. —¿. . .?
—Sí, en 1958.
10. —¿. . .?
—Por mi libro *Cien años de soledad*.

Adriana Santomauro, Espagnol

Foto: Palomares

El viento Zonda

1. Ejercicio de conjugación

infinitivo	*presente*	*gerundio*	*indefinido*	*imperfecto*	*presente de subjuntivo*
			hice		
	beben				
			fue		
				llegábamos	
					viva
	tienen				
					trabajéis
				aprendías	
			vendiste		
					compre
	desayuna-mos				
				cantaban	
				veías	
					digan
			tomé		
	salen				

2. Transforme las frases empleando el gerundio.

1. Su hermano dormía durante toda la mañana. — 2. ¿Aún trabajas en la misma escuela? — 3. Su amiga oía música durante todo el día. — 4. Comía y leía el periódico. — 5. Hacía una gira por los Estados Unidos. — 6. He visto a su hijo. Tocaba piano — 7. Busco un artículo, pero no lo encuentro. — 8. La ganadería es todavía la principal fuente de riqueza de aquella zona. — 9. Se queda en casa y prepara un examen de biología. — 10. Felipe II conmemoró la victoria de San Quintín. Hizo construir el monasterio de San Lorenzo del Escorial. — 11. Gilanco no cesaba de matar a los animales. — 12. Velázquez pintó las Meninas. Empleó solamente cuatro colores. — 13. Luis considera la gravedad de la situación y se decide a intervenir. — 14. Varios pequeños estados independientes estudian la posibilidad de federarse. — 15. Trabajé hasta las

cuatro de la mañana. — 16. Estaban en Madrid y se conocieron. — 17. La policía trabaja en el esclarecimiento de los hechos. — 18. Cuando iba al trabajo, encontré a un amigo de mi hermano. — 19. El consumo de droga se ha convertido en una epidemia en las sociedades modernas. — 20. Su hermano vive en Valladolid y va todos los veranos a pasar la vacaciones a su pueblo. — 21. ¿Aún sale todas noches? — 22. ¿Vives todavía en Cuatro Caminos? — 23. Estuve aquel verano en Alemania y trabajé en una fábrica. — 24 ¿Todavía fuma tanto?

3. Ponga las frases en pretérito indefinido.

1. La decisión de Roberto (influir) en el comportamiento de todo el grupo.
2. Este puente lo (construir) después de la guerra civil.
3. El ponente (hablar) de la protección del medio ambiente.
4. [Ellos] me (invitar) a comer en un restaurante y yo les (pagar) los cafés.
5. [Nosotros] (andar) más de seis horas, hasta que (alcanzar) la cumbre de la montaña.
6. El director (destituir) al secretario de su cargo y (nombrar) a otro más competente.
7. Unos arqueólogos (encontrar) vestigios de las civilizaciones aztecas.
8. Roberto nos (sugerir) no aceptar la invitación de Pablo.
9. El atracador (huir) entre el gentío y la policía no (poder) detenerlo.
10. Los trabajadores de la empresa (exigir) un aumento de sueldo, pero no lo (obtener).
11. El retraso del avión (influir) mucho en sus planes.
12. [El] (dormir) toda la tarde porque el día siguiente se tenía que levantar a las tres.
13. El orador (defender) firmemente sus ideas pero los asistentes no le (entender).
14. El profesor (distribuir) los libros entre sus alumnos.
15. Emiliano (volver) de Barcelona la semana pasada.
16. Cuando [ella] (enterarse) que íbamos de excursión, (querer) venir con nosotros.
17. En aquel año, [nosotros] (construir) la casa y no (ir) de vacaciones.
18. [Ellos] no (creerse) lo que tú les (decir).
19. Hace unos días (producirse) un incendio en una fábrica, pero, afortunadamente no (haber) que lamentar víctimas.

4. Agregue la preposición conveniente.

1. Te esperaré . . . el Acueducto de Segovia.
2. Te está hablando . . . cinco minutos y no le haces caso.
3. No hablemos más . . . el asunto.
4. Llegó a clase . . . los deberes . . . hacer.

5. Su novia es la muchacha . . . pelo rubio y muy alta.
6. Si no llegas a tiempo saldremos . . . ti.
7. Vivían . . . Madrid, . . . el barrio de Argüelles pero se acaban de mudar . . . el barrio de Salamanca.
8. Los camiones circulan . . . la autopista.
9. Esto me lo sé . . . siempre.
10. . . . yo y él nunca ha habido problemas.
11. Sólo pude ver . . . unos pocos compañeros.
12. Creo que han salido . . . Mallorca . . . vacaciones.
13. Me han preguntado . . . tu madre.

5. Ejercicio de traducción

Bartolomé de las Casas (1474-1566)

Nacido en Sevilla, viajó por primera vez a las Indias en 1502. En América fue ordenado sacerdote y participó como capellán en la conquista de Cuba, donde recibió una encomienda en 1513. Impresionado por las consecuencias de la conquista, aniquilación y esclavización del indígena, decidió cambiar su vida. En 1515 renunció a la encomienda y emprendió una tarea a la que dedicaría toda su vida: evitar que la colonización española provocara la destrucción y la esclavitud de los indios americanos. Combinando múltiples viajes a España con largas estancias en América, logró dar a conocer su opinión e influir en algunas personalidades políticas que tenían la responsabilidad del gobierno de América. Se considera que sus ideas influyeron en el intento de las Leyes Nuevas de Indias (1542) de eliminar la encomienda de América. Su pensamiento se halla recogido, sobre todo, en el libro *Brevísima relación de la destrucción de las Indias*, publicado en Valencia en el año 1542.

6. Ponga un poco de orden.

1. a — a todos — alimentar — de — las — les — lo — lo necesario — Los — los — mexicas — miembros — para — producían — que — sobraba — sus — tribus — tribus — vecinas. — vendían — y
2. salían — que — porque — podía — Pachamama — no — los animales — indio — Gilanco — exterminaba — el — el — de — comportamiento — aceptar — a todos — a su paso.

3. campos. — comunidades — cultivaban — domésticos — En — hombres — indígenas — las — las — los — los — los — mujeres — realizaban — trabajos — y
4. y — una — sus — se casaban — que — propiedad — privada — poder — parcela — para — no — mantener — Los — los — la — familias. — entregaban — conocían — aztecas — a — a
5. a — a los — animales — castigo. — continuaba — dijo — Gilanco — le — matando — que — recibiría — se dirigió — si — un — y — Yastay

7. Ordene los antónimos.

terminar — tacaño/a — siempre — recolección — premiar — perder — peor — odio — ocultarse — nadie — minifundio — levantarse — importar — ignorar — frío/a — falso/a — escuálido/a — encontrar — empobrecer — disminuir — destructor — despreciar — despertarse — desaparecer — débil — construir — compasivo/a — cobarde — castigo — barato/a — bajar — alejarse — alegre

fuerte	. . .	vigoroso/a	. . .	nunca	. . .
saber	. . .	mostrarse	. . .	generoso/a	. . .
amor	. . .	mejor	. . .	subir	. . .
respetar	. . .	destruir	. . .	dormir	. . .
acostarse	. . .	todo el mundo	. . .	valiente	. . .
cruel	. . .	verdadero	. . .	acercarse	. . .
constructor	. . .	triste	. . .	premio	. . .
aparecer	. . .	castigar	. . .	aumentar	. . .
empezar	. . .	caliente	. . .	exportar	. . .
caro/a	. . .	siembra	. . .	perder	. . .
enriquecer	. . .	ganar	. . .	latifundio	. . .

8. ¿Saber o poder?

Traduzca las frases.

1. Wenn du im Urlaub nach England fährst, wäre es gut, etwas englisch zu können. — 2. Da Hans schon oft in Madrid gewesen ist, kann er gut spanisch sprechen. — 3. Ich bin wieder gesund und kann morgen wieder arbeiten. — 4. Im Gegensatz zu meinem Kollegen, kann ich arbeiten. — 5. Seit gestern habe ich meinen Führerschein und kann Auto fahren. — 6. Pedro kann sehr gut Auto fahren. — 7. Mein Freund kann nicht spanisch schreiben, da er spanisch nicht gelernt hat. — 8. Der Reiseführer weiß viel über diese Stadt. — 9. Mein Neffe kann mit 3 Jahren schon bis 50 zählen. — 10. Ich kann dir die Wahrheit nicht sagen, weil ich sie nicht kenne. — 11. Ihr könnt sehr gut Volleyball spielen. — 12. Das Flugzeug konnte wegen des Unwetters [la tormenta] nicht starten. —

13. Mit Hilfe dieses Wörterbuches kann ich schon ziemlich gut die spanischen Texte ins Deutsche übersetzen. — 14. Du kannst besser Schach [ajedrez] spielen als ich. — 15. Heute kann ich dich nicht ins Theater begleiten, da ich noch für meine Prüfung lernen muss.

9. Una traducción para atrevidos.

Las Majorritas

Muchos años atrás, llegaron gentes de muy lejos a la región de Gualeguay.

Venían familias enteras, dispuestas a trabajar duro y a hacer frente a todas las dificultades que se les presentaban.

Y con ellas llegó también una jovencita de gran belleza. Su largo cabello rubio, sus hermosos ojos azules deslumbraron a los lugareños. Ella y su familia trabajaban de la mañana a la noche. Sólo se permitían un breve descanso a la hora de la siesta.

Entonces, la jovencita de los ojos azules aprovechaba para ir al río, lavar su largo cabello en el agua cristalina y disfrutar del murmullo de la corriente. No se atrevía a entrar en las aguas. Corrían historias horribles entre los recién llegados acerca de los peligros que el misterioso río encerraba.

Una tarde, en la que como siempre se vino al río para disfrutar de su pequeño descanso, se sintió observada, levantó su cabeza recién lavada y descubrió, en la otra orilla, en la isla, a un joven que la miraba admirado.

Ese día regresó a los suyos bastante asustada. Pero al siguiente, algo la impulsó a no interrumpir su costumbre. ... El joven estaba ya en la otra margen. Era moreno y esbelto. Y se movía entre la vegetación espesa de la otra ribera como si fuera parte de ella. Y se miraron...

Era mucha la distancia entre ellos. Era mucho lo que los separaba. Pero eran dos mundos que se encontraban. Y las miradas salvaban todas las distancias.

Pasaron muchos días. La temperatura, las hojas, el vuelo de los pájaros ... todo anunciaba otra estación.

El invierno llegó. Con él las lluvias, pero en cada siesta regresaban los jóvenes a tender un puente entre las márgenes del río temido.

Y el verano volvió con sus olores frutados, con el trino de los pájaros, con las riberas florecidas en achiras...

Aquella siesta de enero derramaba sol líquido sobre el espejo del río. El joven levantó el brazo desde la isla; la joven comprendió que el momento había llegado. Soltó sus largos cabellos, extendió sus brazos hacia el joven y se introdujo en las aguas.

Cuenta la leyenda que desde un campo cercano vieron a la joven dirigirse al río. Corrieron hasta la orilla y alcanzaron a ver que las majorritas, abigarradas, formaban una alfombra plateada que se extendía hasta la isla. Habían tendido un puente entre los enamorados.

Vieron a la muchacha caminar sobre los pececitos, casi sobre las aguas, mientras a sus espaldas la cinta de plata y oro formada por los peces se disolvía en el río.

Y así llegó a la isla. Los brazos amantes la esperaban. Juntos se internaron en la isla y nunca se los volvió a ver.

Dicen los lugareños que, por años y años, en el paraje Las Majorritas podía verse que, a la hora de la siesta, reproduciendo el milagro, los pececitos bullían, saltaban, retozaban y parecían tachonar de plata y oro la senda acuática hacia la otra ribera.

Leyenda popular guaraní

10. Lectura comentada

El papel de los indígenas en el mundo colonial

Los indígenas que sobrevivieron a los primeros choques, continuaron en sus territorios conviviendo con los colonos españoles en grados muy distintos de contacto.

En la etapa inicial de la colonización, Colón intentó convertir a los indígenas de las Antillas en esclavos para venderlos en Europa; pero los reyes se lo prohibieron porque los consideraron súbditos de la corona. Entonces fueron utilizados como mano de obra sometida a trabajo forzado para extraer oro de las arenas de los ríos o como agricultores en las primeras plantaciones. Este ritmo de trabajo, al que no estaban acostumbrados, causó gran mortandad entre los indios.

Cuando se inicia la etapa de la creación de colonias de poblamiento estallan los problemas entre el rey y los colonos: éstos aspiraban a disponer de mano de obra indígena para sus plantaciones y sus minas y, puesto que los indígenas no aceptaban el trabajar voluntariamente, el colono les obligaba a ello. El trabajo forzado indígena fue denunciado por los misioneros, que lograron influir sobre los reyes para que tomaran conciencia del problema.

Así se inició una labor legisladora en la que el rey de España intentaba restringir el derecho de los colonos a forzar a los indígenas a trabajar para ellos. La primera regulación arranca de 1512: la Junta reunida en Burgos para estudiar este problema intentó reglamentar el derecho de los colonos sobre el trabajo indígena.

Apareció de esta forma el concepto de «encomienda»: el indígena era «encomendado» al colono para que éste le enseñara a trabajar y le hiciera cristiano, pagándole un salario por su trabajo. Pero la dureza de la situación real de los indígenas «encomendados» hizo disminuir rápidamente la población de las Antillas y desencadenó las grandes campañas del Padre Las Casas, que consiguió llegar con ellas hasta los organismos de gobierno y hasta el mismo emperador Carlos V. Así, en 1532, se llega a un nuevo acuerdo entre la Corona y los colonos: se abolirá la «encomienda de servicios», que exigía el trabajo forzado del indígena, y será sustituida por la «encomienda de tributos», entrega de algunos productos en concepto de tributo, que el rey –el único que tenía derecho a cobrar tributos en las Indias– cedía a los conquistadores. Pero pronto apareció un nuevo problema: el conquistador aspiraba a que este tipo de encomienda fuera hereditario y, aunque legalmente se impuso la voluntad del rey de que sólo durara una generación, de hecho en algunas regiones perduró hasta avanzado el siglo XVII.

Lentamente los indígenas, en las zonas en que tenían mayor contacto con los colonos, se fueron convirtiendo en mano de obra asalariada, sometidos al dominio de los dueños de grandes propiedades para los que solían trabajar.

Montserrat Llorens, Ibérica, Barcelona 1989

Una receta culinaria

1. En la cocina

2. Complete las frases.

1. No creo que [ellos] (estar) en casa. — 2. Es muy importante que [tú] (decírmelo). — 3. Le aconsejan que [él] (estudiar) un poco más. — 4. Es posible que (haberle pasado) algo. — 5. La vida moderna exige que [nosotros] (conocer) más de un idioma. — 6. Me duele profundamente que [tú] no (haber tenido) más confianza en mí. — 7. No creo que [ú] (poderle) ayudar. — 8.Me agrada que [vosotros] (venir). — 9. Me ha pedido que no (llegar) tarde. — 10. Te aconsejo que (tener) más cuidado con lo que dices. — 11. Es posible que [él] (cambiar) de opinión. — 12. Me encanta que [tú] (venir) a verme. — 13. Siento mucho que [tú] no (encontrarse) bien. — 14. No creo que [él] (venir). — 15. Deseamos que [tú] (salir) esta noche a cenar con nosotros. — 16. Detesto que [ellos] (llegar) siempre tarde. — 17. Siento mucho que [ustedes] no (poder) quedarse más tiempo. — 18. Le molesta que tú (hablar) alto.

3. Sopa de letras

Es usted capaz de encontrar el nombre de 20 utensilos de cocina.

A	I	T	E	N	E	D	O	R	O	B	L	S	U	A
G	M	O	I	U	F	B	U	S	E	A	R	A	R	D
R	I	K	Y	I	S	A	R	T	E	N	T	P	A	E
I	C	L	I	B	A	V	I	F	A	D	U	L	B	R
F	R	E	G	A	D	E	R	O	S	E	I	K	R	Z
O	O	K	A	T	K	S	O	H	D	J	L	M	E	R
A	O	N	A	I	M	S	L	J	T	A	Y	I	B	U
E	N	B	E	D	P	A	C	G	U	G	A	U	O	T
B	D	V	H	O	R	N	O	R	J	U	S	U	T	O
A	A	O	F	R	O	A	N	N	C	H	S	C	E	S
T	S	I	E	A	T	C	G	K	U	J	E	E	L	T
I	E	O	A	G	Z	G	E	M	C	N	B	D	L	A
D	O	L	G	D	U	H	L	S	H	I	A	S	A	D
O	A	L	A	V	A	V	A	J	I	L	L	A	S	O
R	O	A	B	A	L	K	D	C	L	I	A	F	L	R
A	G	D	F	S	L	L	O	O	L	P	N	C	O	C
J	K	F	E	O	I	O	R	I	O	K	Z	U	I	G
C	V	Y	E	A	J	L	U	U	H	Y	A	L	J	U
O	Y	A	D	C	H	L	T	T	G	A	W	L	N	E
E	R	F	R	I	G	O	R	I	F	I	C	O	M	N

4. Forme frases según el modelo.

¿Puedo coger la bicicleta?

☞ *—Sí, cógela*

☞ *—No, no la cojas.*

1. ¿Me permite hacerle (que le haga) una pregunta?
2. ¿Podemos emplear el diccionario?
3. ¿Me dejas que te pague el café?
4. ¿Te puedo reservar la entrada?
5. ¿Os molesta que ponga la televisión?
6. ¿Puedo cerrar la puerta?
7. ¿Podemos regalarle una novela?
8. ¿Os podemos decir lo que realmente ha pasado?
9. ¿Le puedo prestar mis apuntes?
10. ¿Nos dejáis traer a nuestro hermano?
11. ¿Me permite quitarme la chaqueta?
12. ¿Os molesta que lea el periódico?

13. ¿Queréis que vaya a buscar el pan?
14. ¿Le digo que venga?
15. ¿Los podemos invitar?
16. ¿Le puedo ayudar a hacer la traducción?
17. ¿Me dejas que se lo explique?
18. ¿Me dejáis mandarle un Fax?
19. ¿Le puedo ayudar?
20. ¿Os molesta que fume?
21. ¿Me permites que te corrija?
22. ¿Puedo ir a verlo al hospital?
23. ¿Quieres que vaya a comprar unos bocadillos?
24. ¿Quieres que te diga la solución?
25. ¿Me puedo quedar contigo?
26. ¿Me dejas leer el periódico?

5. *Ordene los sinónimos.*

trabajo — sustentar — sólo — satisfacer — pueblo — problema — pobreza — población — ocultar — nunca — morir — matriculación — libro — habitar — fundamento — escuchar — encontrar — emplear — dueño — distanciarse — disgusto — deuda — destruir — después — desconocimiento — dar — cumbre — creer — cosecha — comenzar — cimentar — cansarse — alcanzar — aguardar — afirmar — adquirir — acordar — acabar — a menudo

alejarse	. . .	alimentar	. . .	arrasar	. . .
basar	. . .	base	. . .	cima	. . .
comprar	. . .	contrariedad	. . .	convenir	. . .
cuestión	. . .	débito	. . .	empezar	. . .
entregar	. . .	desconocer	. . .	esperar	. . .
fallecer	. . .	fatigarse	. . .	finalizar	. . .
frecuentemente	. . .	hallar	. . .	ignorancia	. . .
inscripción	. . .	jamás	. . .	municipio	. . .
obra	. . .	obtener	. . .	oír	. . .
pensar	. . .	penuria	. . .	posteriormente	. . .
propietario	. . .	quehacer	. . .	recolección	. . .
residir	. . .	saciar	. . .	sostener	. . .
únicamente	. . .	utilizar	. . .	vecindario	. . .

6. *Pongan en forma negativa las siguientes formas verbales.*

1. Destruidlos. ☞ No los destruyáis
2. Dáselos. ☞ ____________________
3. Callaos. ☞ ____________________
4. Pídanlo. ☞ ____________________
5. Vénganse. ☞ ____________________

6. Escríbelo. ☞ ____________________
7. Véalo. ☞ ____________________
8. Ciérrelo. ☞ ____________________
9. Cógelo. ☞ ____________________
10. Házmelo. ☞ ____________________
11. Cerradlas. ☞ ____________________
12. Váyanse. ☞ ____________________
13. Repetidlo. ☞ ____________________
14. Esperadme. ☞ ____________________

6. Preposiciones

Decídase por una posibilidad.

1. ¿Sabes si se quedará Hans . . . Madrid . . . San Isidro?
   ☐ a/por ☐ en/por ☐ a/para ☐ en/para
2. . . . la mañana se van . . . trabajo.
   ☐ en/al ☐ por/en el ☐ por/al
3. Para semana santa, pensamos ir . . . esquiar . . . los Pirineos con unos amigos.
   ☐ -/en ☐ a/en ☐ a/a ☐ -/a
4. Creo que mis vecinos se han ido . . . el campo.
   ☐ para ☐ por ☐ en
5. Ayer estuvimos paseando toda la tarde . . . las calles del pueblo.
   ☐ en ☐ a ☐ por
6. Andalucía estuvo ocupada . . . los árabes durante más de siete siglos.
   ☐ para ☐ por ☐ de
7. Siempre hace tonterías . . . hacernos reír.
   ☐ para ☐ por ☐ a
8. Los árabes vinieron . . . España en 711 y llegaron . . . el Loire.
   ☐ en/hasta ☐ a/hasta ☐ a/hacia
9. Le ha pasado esto . . . ser demasiado optimista.
   ☐ para ☐ por ☐ con
10. Este coche rojo es . . . mi vecino.
    ☐ a ☐ de ☐ por
11. Marita prefiere la muñeca . . . los ojos azules.
    ☐ con ☐ de ☐ en
12. Es una pulsera antigua . . . oro . . . rubíes.
    ☐ con/de ☐ de/con ☐ en/con

El cuervo y el zorro

En la rama de un árbol,
bien ufano y contento,
con un queso en el pico
estaba un señor cuervo.

Del olor atraído
un zorro muy maestro,
le dijo estas palabras
o poco más o menos:

«Tenga usted buenos días,
señor cuervo, mi dueño;
vaya que estáis donoso,
mono, lindo en extremo;
yo no gasto lisonjas,
y digo lo que siento:
que si a tu bella traza
corresponde el gorjeo,
juro a la diosa Ceres,
siendo testigo el cielo,
que tú serás el Fénix
de sus vastos imperios.»

Al oír un discurso
tan dulce y halagüeño,
de vanidad llevado,
quiso cantar el cuervo.

Abrió su negro pico,
dejó caer el queso;
el muy astuto zorro,
después de haberlo preso,
le dijo: «Señor bobo,
pues sin otro alimento
quedáis con alabanzas
tan hinchado y repleto,
digerid las lisonjas
mientras digiero el queso.»

Quien oye aduladores
nunca espere otro premio.

Felix María Samaniego (1745-1801)

8. Recetas culinarias

Salsa alioli

Esta salsa es una variante de la mayonesa a la que se le añaden ajos. También se puede hacer sencilla

Ingredientes:	6 dientes de ajo
	250g de aceite
	sal

Se machacan en el mortero los dientes de ajo hasta ponerlos cremosos, se le incorpora la sal y después se le va echando el aceite gota a gota, al principio, y después, en hilo fino sin dejar de remover hasta que tome consistencia como si fuera manteca.

Churros

Ingredientes:	igual cantidad de agua que de harina
	sal
	aceite para freírlos

Se pone a hervir el agua con la sal. Cuando hierve fuerte se aparta del fuego y se echa la harina de golpe. Se revuelve despacio hasta que se incorpora toda la harina, pero sin revolver demasiado. Es mejor que quede algo de harina sin incorporar del todo, que no trabajarla demasiado. Se deja enfriar completamente.
Una vez fría la pasta, se mete en una churrera y se forman los churros. Hay que freírlos en abundante aceite caliente. Se retiran a una fuente cuando ya están dorados y se espolvorean con azúcar

9. Humor culinario

☺ ***Estaban dos amigos en un bar hablando de negocios, cuando de pronto entra un caballo y le dice al barman:***
—Sírveme una copa.
A los dos minutos, de nuevo:
—Sírveme otra copa.
Y el caballo después de haberse tomado las copas se va.
Un amigo le dice al otro:
—Oye, ¿no viste algo raro?
Y el otro le contesta:
—Sí..., se largó sin pagar.

☺ *Un ricachón para imponer a su jovencísima dama le dice al camarero:*
—¡Oiga! ¿Tiene usted ancas de rana?
—No, señor, es mi forma de caminar.

☺ *—Camarero, hay una mosca en mi sopa.*
—No se preocupe, señor, no beberá mucho.

☺ *—¡Camarero, una tortilla !*
—¿Francesa o española?
—¡Y qué más da! ¿Se cree que voy a hablar con ella?

☺ *—Iban dos aceitunas por la calle y una le dice a la otra:*
—¿Sabes? El otro día me caí y me parece que me he roto un hueso
—Anda, cállate, si somos rellenas

Ricardo visita la mina

1. ¿Cuyo /cuya /cuyos /cuyas?

Era una mujer muy atenta. Su amabilidad nos maravillaba.
☞ *Era una mujer muy atenta cuya amabilidad nos maravillaba a todos.*

1. Fue un choque horrible. Sus consecuencias todavía no las he superado.
2. Es una zona muy verde. Sus paisajes me agradan muchísimo.
3. Es una empresa muy próspera. Su balance resulta alentador.
4. Este es el propietario. Ayer estuvimos en su restaurante.
5. Son unas alumnas. Su personalidad nos asombra a todos sus profesores.
6. El hotel era un cuatro estrellas. En sus instalaciones nos sentimos admirablemente.
7. Acaba de llegarnos esta impresora. Ignoramos su marca.
8. Era un parque frondoso. Era muy agradable caminar por sus paseos.
9. Ha dimitido un director. En su fábrica ha habido muchos despidos.
10. Pronunció un discurso. Su conclusión dejó atónitos a todos los oyentes.
11. Era un castillo extraño. Por sus corredores, según dicen, se paseaba un fantasma.
12. Estos son los padres. Mi hermano estudió medicina con su hijo.
13. Era un profesor muy culto. Sus clases siempre nos maravillaron.
14. Esta es la facultad. Su tuna es conocida en toda la nación.
15. Quisiera escribir a un amigo de Lima. Su madre pasó unos días en nuestra casa.
16. Era una actriz guapísima; Varias generaciones de adolescentes soñaron con su físico.
17. Es un chico muy callado. No sabemos casi nada de su vida.

2. Complete las frases empleando el futuro.

La vida del hombre

(Fábula inspirada en un dicho popular argentino)

Dios creó al burro y le dijo:
—*(Trabajar) sin interrupción de sol a sol, (llevar) cargas en el lomo, no (tener) inteligencia y (vivir) 40 años.*
El burro respondió:

—(Hacer) todo eso. Pero vivir 40 años es demasiado. Dame sólo 20 años.
Y así lo hizo Dios.

Dios creó al perro y le dijo:
—(Guardar) la casa de los hombres y (ser) su mejor amigo. (Comer) la comida que te den y (vivir) 20 años.
El perro respondió:
—(Hacer) todo eso. Pero vivir 20 años es demasiado. Dame sólo 10 años.
Y así lo hizo Dios.

Dios creó al mono y le dijo:
—(Saltar) de copa en copa de los árboles, (hacer) payasadas, (divertir) a los hombres y (vivir) 20 años.
El mono respondió:
—(Hacer) todo eso, pero vivir 20 años es demasiado. Dame sólo 10 años.
Y así lo hizo Dios.

Dios creó al hombre y le dijo:
—(Ser) el único ser racional sobre la faz de la Tierra, (usar) tu inteligencia para sobreponerte a los demás animales, (dominar) el mundo y (vivir) 30 años.
El hombre respondió:
—(Ser) el más inteligente de todos los seres creados, (dominar) el mundo, pero vivir 30 años es poco. Señor, dame los 20 años que rechazó el burro, los 10 del perro y los 10 del mono.
Y así lo hizo Dios.

Por eso el hombre vive 30 años como hombre. Se casa y pasa a vivir 20 años como burro, trabajando de sol a sol. Después se jubila y vive 10 años como perro, guardando la casa. Luego se hace viejo y vive 10 años como mono, saltando de la casa de un hijo a la de otro y haciendo payasadas para divertir a sus nietos.

3. Pronombres relativos

Decídase por una de las alternativas.

1. El chico . . . sale del bar es el amigo de mi hermana.
   ☐ quien ☐ el que ☐ que
2. En Toledo visitaremos la casa en . . . vivió el Greco.
   ☐ cuya ☐ donde ☐ lo que
3. La chica con . . . hemos hablado es prima de Roberto.
   ☐ que ☐ la que ☐ lo que
4. No te preocupes, no diré nada de . . . me has contado.
   ☐ el que ☐ que ☐ lo que
5. Me he encontrado con una chica . . . hermano estudió contigo.
   ☐ quien ☐ cuyo ☐ la que

6. El sábado encontramos a unos conocidos . . . nos invitaron a ir de tapas.

☐ quien ☐ que ☐ los que

7. Pronunció unas palabras . . . sentido no pudimos descifrar.

☐ que ☐ el que ☐ cuyo

8. Este es el médico de . . . nos habló tu padre.

☐ que ☐ cuyo ☐ el que

9. Luis Buñuel de . . . películas tú hablas tanto era aragonés como Goya.

☐ que ☐ lo que ☐ cuyas

10. Leíste el articulo del novelista de . . . nos había hablado el profesor de literatura.

☐ que ☐ el que ☐ cuyo

11. Fuimos de copas con unos compañeros tres de . . . eran mexicanos.

☐ que ☐ quienes ☐ los cuales

12. La carretera por . . . hemos venido no es muy buena.

☐ que ☐ la que ☐ lo que

4. ¿Por o para?

1. Ayer, nuestro profesor de español no estaba . . . bromas. — 2. El AVE . . . Sevilla sale de Madrid a la siete de la mañana. — 3. La biodegradación de los restos alimenticios los convierte en provechosos . . . el campo. — 4. La mayor parte del trabajo todavía está . . . hacer. — 5. El acusado no se daba . . . aludido. — 6. El primer deber de un médico es luchar . . . la vida del enfermo. — 7. Se les había estropeado el scanner y tuvieron que comprar otro . . . más 300 euros, . . . ellos era demasiado. — 8. Fraguaron un plan . . . fugarse sin ser descubiertos. — 9. Los dos amigos se encontraron . . . casualidad y . . . aprovechar la ocasión se fueron a tomar una copas juntos. — 10. Vivir lejos de la ciudad también es una molestia porque hay que coger el coche . . . cualquier cosa. — 11. El tabaco es nocivo . . . la salud. — 12. Resulta preocupante el decrecimiento del interés . . . la lectura. — 13. Hicieron una fiesta . . . celebrar el nacimiento de su hijo. — 14. La detención del narcotraficante fue efectuada con éxito . . . las fuerzas policiales. — 15. Es una persona maravillosa con la que se puede contar . . . todo. — 16. Anunciaron . . . los altavoces que el avión . . . Münster-Osnabrück tenía media hora de retraso. — 17. Todos estuvieron de acuerdo en darle un galardón . . . sus méritos. — 18. Hicieron un paréntesis en la reunión . . . ir a tomar un café. — 19. El movimiento pacifista en la India fue impulsado . . . Gandhi. — 20. Las teorías fascistas arraigaron en la pequeña burguesía afectada . . . la crisis económica. — 21. El nacimiento del niño fue un acontecimiento feliz . . . todos. — 22. Se nota que está enfermo . . . la palidez de su rostro. — 23. El vino se obtiene . . . la fermentación del zumo de las

uvas. — 24. Los feministas y las feministas exigen la igualdad de salarios . . . hombres y mujeres. — 25. El ministro denunció la manipulación de sus declaraciones . . . parte de la oposición. — 26. Sus padres no le permitieron salir el sábado . . . la noche. — 27. Le di el número de mi móvil . . . que me pudiera localizar en cualquier sitio. — 28. Me gusta madrugar . . . ver salir el sol. — 29. En lugar de preguntar . . . preguntar, podrías reflexionar tú mismo un poco. — 30. Todavía no está listo . . . salir. — 31. A su hermano lo han contratado solamente . . . tres años. — 32. La Unión Europea ha puesto en marcha un programa . . . la creación de la etiqueta ecológica. — 33. Eso le ha pasado . . . terco.

5. Hijo de la luna

Hijo de la luna

Tonto el que no entienda.

Cuenta una leyenda
Que una hembra gitana
Conjuró a la luna
Hasta el amanecer.
Llorando pedía
Al llegar el día
Desposar un calé.

«Tendrás a tu hombre,
Piel morena,»
Desde el cielo
Habló la luna llena.
«Pero a cambio quiero
El hijo primero
Que le engendres a él.
Que quien su hijo inmola
Para no estar sola
Poco le iba a querer.»

Estribillo:
Luna quieres ser madre
Y no encuentras querer
Que te haga mujer.

Hijo de la luna

Idiot qui ne comprend pas

La légende qui comme ça
Dit qu'une gitane
Implora la Lune
Jusqu'au lever du jour
Pleurant elle demandait
Un gitan qui voudrait
L'épouser par amour

Tu auras ton homme, femme brune,
Du ciel répondit la pleine Lune,
Mais il faut me donner
Ton enfant le premier
Dès qu'il te sera né
Celle qui pour un homme
Son enfant immole,
Bien peu l'aurait aimé.

Refrain
Lune tu veux être mère
Tu ne trouves pas l'amour
Qui exauce ta prière
Dis moi Lune d'argent

Son of the moon

Foolish is he who doesn't understand.

A legend tells of a gipsy woman
Who pleaded with the moon until dawn.
Weeping, she begged for a gipsy man
To marry the following day.

«You'll have your man, tawny skin,»
Said the full moon from the sky.
«But in return I want the first child
That you have with him.
Because she who sacrifices her child
So that she is not alone,
Isn't likely to love him very much.»

Chorus:
Moon, you want to be mother,
But you cannot find a love
Who makes you a woman.
Tell me, silver moon,

Dime, luna de plata,
Qué pretendes hacer
Con un niño de piel.
A-ha-ha, a-ha-ha,
Hijo de la luna.
De padre canela
Nació un niño
Blanco como el lomo
De un armiño,
Con los ojos grises
En vez de aceituna
Niño albino de luna.
«¡Maldita su estampa!
Este hijo es de un payo
Y yo no me lo callo.»

Estribillo
Gitano al creerse des-
honrado,
Se fue a su mujer,
Cuchillo en mano.
«¿De quién es el hijo?
Me has engañado fijo.»
Y de muerte la hirió.
Luego se hizo al monte
Con el niño en brazos
Y allí le abandonó.

Estribillo
Y en las noches
Que haya luna llena
Será porque el niño
Esté de buenas.
Y si el niño llora
Menguará la luna
Para hacerle una cuna.
Y si el niño llora
Menguará la luna
Para hacerle una cuna.

Toi qui n'as pas de
bras
Comment bercer
l'enfant
Hijo de la luna.

D'un gitan cannelle
Naquit l'enfant
Tout comme l'hermine,
Il était blanc,
Ses prunelles grises
Pas couleur olive
Fils albinos de Lune
Maudit sois tu, bâtard!
T'es le fils d'un gadjo
T'es le fils d'un
blafard.

Refrain
Le gitan se croyant
déshonoré
Couteau en main sa
femme alla trouver,
L'enfant n'est pas de
moi,
Tu m'as trompé, je
vois!
A mort il la blessa
Et l'enfant dans ses
bras
La colline il monta,
Là haut l'abandonna...

Refrain
Et les soirs où l'enfant
joue et sourit,
de joie aussi la Lune
s'arrondit
Et lorsque l'enfant
pleure
Elle décroît pour lui
faire
Un berceau de lumière

What you intend to do
With a child of flesh.
A-ha-ha, a-ha-ha,
Son of the moon.

From a cinnamon-skinned
father
A son was born,
White as the back of an
ermine,
With grey eyes instead of
olive —
Moon's albino child.
«Damn his appearance!
This is not a gipsy man's
son
And I will not put up with
that.»

Chorus
Believing to be dishonoured,
The gipsy went to his wife,
A knife in his hand.
«Whose son is this?
You've certainly fooled me!»
And he wounded her mor-
tally.
Then he went to the wood-
lands
With the child in his arms
And left it behind there.

Chorus
And the nights the moon is
full
It is because the child
Is in a good mood.
And if the child cries,
The moon wanes
To make him a cradle.
And if the child cries,
The moon wanes
To make him a cradle.

Hijo de la Luna

J. M. Caro

¿Se construye o se destruye?

1. Ordene los antónimos.

vender — vacío/a — último/a — tranquilo/a — subir — salida — retroceder — rechazar — quedarse — poco — perder — oscuro/a — olvidar — nuevo/a — noche — negro/a — mal — llegar — interesante — imposible — grande — final — feo/a — falso/a — fácil — entristecer — enemigo — encontrar — disminuir — diferente — desgraciadamente — desconocer — descender — desagradable — débil — complejo/a — comenzar — cerrar — cerca — breve — bien — adelantar

abrir	. . .	aburrido/a	. . .	acabar	. . .
afortunadamente	. . .	agradable	. . .	alegrar	. . .
amigo	. . .	ascender	. . .	aumentar	. . .
avanzar	. . .	bajar	. . .	bien	. . .
blanco/a	. . .	bonito/a	. . .	claro/a	. . .
comprar	. . .	conocer	. . .	conservar	. . .
día	. . .	difícil	. . .	fuerte	. . .
irse	. . .	largo	. . .	lejos	. . .
llegada	. . .	lleno/a	. . .	mal	. . .
mucho	. . .	pequeño/a	. . .	perder	. . .
posible	. . .	primero/a	. . .	principio	. . .
recordar	. . .	retrasar	. . .	ruidoso/a	. . .
semejante	. . .	simple	. . .	verdadero/a	. . .
viejo/a	. . .	aceptar	. . .	partir	. . .

2. Empleo de las preposiciones

Turismo y Comunidades Autónomas

. . . los últimos años las Comunidades Autónomas se han esforzado . . . desarrollar un turismo competitivo. Algunas, como Cataluña o la Comunidad Valenciana, se han empeñado . . . modernizar las infraestructuras hoteleras. Otras, como Aragón o Extremadura, se han afanado . . . incentivar un turismo rural, a pesar . . . los obstáculos que todavía tiene que vencer este tipo . . . turismo. Otras, como Castilla y León, se han esmerado . . . valorar el patrimonio cultural. Muchas han tratado . . . aprovechar riquezas naturales.

Murcia ha puesto . . . relieve la existencia . . . su Mar Menor . . . el lema: «Si a usted le gusta el mar, nosotros tenemos dos». Cantabria, Asturias y la región . . . Granada en Andalucía han intentado . . . fomentar el turismo . . . invierno y de nieve. Galicia ha apostado . . . la gastronomía y la belleza pasajística.

a) Consulte el diccionario y ponga las preposiciones que hagan falta.

b) Traduzca el texto.

3. Complete la tabla.

Imperfecto de subj.	*Pretérito indef.*	*Presente de indic.*	*Imperfecto de indic.*	*Presente de subj.*	*Condicional simple*	*Infinitivo*
					distribuirían	
viésemos						
	ofrecí					
		conocen				
			[yo] cogía			
					nacerían	
				[él] diga		
			hacías			
				andemos		
	presintió					
antepusie-ran						
		cabe				
				[yo] esté		
	contruyeron					
			visitábamos			
		entiendo				
					perderían	
		salgo				

Causas del desarollo turístico en España

Entre las causas que explican los inicios y posterior evolución del turismo español se pueden citar las siguientes:

KAP (La Vanguardia)

a) Recuperación económica de los países europeos occidentales después de la segunda guerra mundial que da paso a una época de prosperidad económica con una notable mejora de los salarios de los obreros y la generalización de las vacaciones pagadas. Todo ello crea una masa de clientes potenciales.

b) En la década de los años cincuenta, el Estado Español se abre progresivamente a las relaciones internacionales y, finalmente, el Plan de Estabilización, en 1959, señala el fin de la autarquía y del aislamiento. España entra así dentro de la posible oferta turística.

c) España ofrece al turista un gran atractivo debido a diversas razones:
   - Las características naturales de la costa mediterránea son un atractivo para gentes que viven en países húmedos y fríos. El clima seco en verano, el sol, las playas de aguas azules y cálidas y la longitud de nuestras costas, con gran variedad de paisajes, atraen un gran contingente de turistas. La idoneidad del clima llega a ser permanente en Canarias.
   - Las precios de España son inferiores a los de Italia o Francia, países competidores.
   - La infaestructura hotelera también supera a la de los otros países mediterráneos, aun cuando exista similitud de precios, como en los casos de Grecia o Túnez.
   - España despierta curiosidad e interés porque se considera un país con rasgos culturales y folklóricos típicos y originales.

d) En Europa se dan unas condiciones legales que ofrecen toda clase de facilidades a los inversores extranjeros para comprar terrenos, abrir hoteles o locales comerciales o construir urbanizaciones.

e) Las agencias extranjeras –los «tours operators»– proporcionan viajes a precios muy baratos para que la gente viaje a España durante las vacaciones. Estas empresas controlan los viajes y los hoteles y se quedan con una parte importante de los beneficios.

Rosa Ortega, Transporte, comercio exterior y turismo

5. *El árbol y el hombre* (casete)

Ejercicio de lectura

Había una vez un leñador que se dirigía a cortar los árboles como de costumbre. Cuando se disponía a cortar un alto y robusto árbol, escuchó una voz que le decía: «¡No lo hagas por favor!».

El leñador preguntó: «¿Quién está ahí?». Y la extraña voz dijo: «Soy tu amigo, el árbol». El leñador habló con voz titubeante: «¡¿El árbol?! ¿Y qué quieres?». El árbol respondió: «Quiero que no me cortes, pues yo te doy muchos bienes a ti, el hombre».Y el leñador contestó sonriente: «¡¿Que tú me haces bienes a mí?! ¡No me hagas reír, ja, ja, ja! Dime árbol, ¿qué bienes me puedes tú hacer?». El árbol respondió seriamente: «¿Qué bienes te hago yo? Nada más por darte un ejemplo: yo te doy el oxígeno que respiras, con el cual ustedes, los humanos, pueden vivir en este mundo. Ésa es una razón por la cual no me debes cortar». El leñador respondió: «entonces ¿de dónde quieres que saque leña para venderla y después darles de comer a mis cuatro hijos?». El árbol contestó: «¡Muy fácil, cada vez que cortes un árbol, siembras tres árboles». Y el leñador dijo: «Te prometo que desde hoy mismo voy a seguir tu sabio consejo».

Y así fue, desde ese día, cada vez que cortaba un árbol, sembraba tres o más, y si no llovía, los regaba. El leñador nunca cortó el viejo árbol pues con él platicaba de la crueldad de los hombres.

Fausto Cepeda González, La Jornada, 20/08/1988

6. *Explique la diferencia entre las siguientes palabras (con la ayuda de un diccionario).*

1. el suelo — la suela
2. el bulo — la bula
3. el fondo — la fonda
4. el punto — la punta
5. el resto — la resta
6. el río — la ría
7. el lomo — la loma
8. el modo — la moda
9. el bando — la banda
10. el mango — la manga

7. La expresión de la condición

Elija la solución correcta.

1. Si . . . menos turistas, la vida no estaría tan cara.
   ☐ había ☐ hay ☐ hubiera
2. Si te . . . unos días más, podrías conocer mejor la ciudad.
   ☐ quedarías ☐ quedases ☐ hubieses quedado
3. Si . . . una fiesta en mi cumpleaños, os invitaré a todos.
   ☐ hacía ☐ hubiera hecho ☐ hago
4. Si . . . a mi casa, habríamos hecho los deberes juntos.
   ☐ vinieras ☐ habías venido ☐ hubieras venido
5. Te aseguro que si . . . hacerlo, lo haría con mucho gusto.
   ☐ pudiera ☐ podía ☐ podría
6. Si . . . menos bloques impersonales, la violencia no aumentaría.
   ☐ hubiera ☐ habría ☐ habrá
7. Si . . . más, no tendrás problemas.
   ☐ trabajas ☐ trabajaras ☐ has trabajado
8. Si . . . hacerlo, lo haré.
   ☐ podré ☐ puedo ☐ podía
9. Si no . . . tanto la tele, tendrías mejores notas.
   ☐ ves ☐ vieras ☐ verías
10. Si . . . ganas, podremos ir hasta allí.
   ☐ tienes ☐ tenías ☐ tuvieras

8. Complete el texto

El turista

noruegos — las islas — habrá dependido — en el bolsillo — desaparecer — del estado de ánimo — de las pirámides — de aquí — confundiendo

1. Tiene ya el billete . . . para viajar al Nilo o a Katmandú, para recorrer una semana . . . griegas o los fiordos . . ., la India o Nueva York. Todo . . . de los precios, de las temporadas, de las fechas justas, casi . . . en el momento mismo de acodarse sobre el mostrador de la agencia. Este personaje, que acabará . . . los nombres de las frutas con los de los aeropuertos, los monumentos . . . con los de allá, que terminará agobiado por los Uffizi, decepcionado por la estatura . . ., asqueado en Calcuta o enamorado de Venecia, es el turista moderno, conspicuo e ideal; el ser que busca perderse y . . . en el viaje sin aventuras.

Ventura (La Vanguardia)

aglomeración — de la misma manera — ganaban — itinerario turístico — la malaria — las huellas — las peripecias — los indígenas — mantiene — mujeres — nada — se adentran — viaja — viajeros

2. De hecho, . . . que unos turistas se sumergen en la . . . de las playas para deshacerse de su identidad, los turistas viajeros . . . en la estela del viaje para disipar . . . visibles de su procedencia. Una diferencia capital les separa, a unos y a otros, de los tradicionales . . . del siglo XIX. Aquellos hombres o . . . afirmaban su peculiaridad, adensaban su biografía y . . . consistencia a través de . . . que sobrevenían en sus trayectos, pero al turista de hoy no le sucede . . . parecido. Una condición muy primordial del actual . . . es su garantía de seguridad y puntualidad, de vigilancia y de orden en el grupo. El turista . . . para ver a salvo de percances e incluso a resguardo del contacto con . . . y sus enfermedades posibles. Porque mientras el viajero auténtico de antes presumía de haber contraído . . ., el paludismo o una deshidratación subsahariana, la única relación con el entorno que . . . el turista vacunado es la de ver.

regresaba — regresa — que decir — que — periódicos — ni el tiempo — ni — hechos — ha visitado — el ascua — de su odisea — de la experiencia — ante sus ojos

3. El viajero tradicional llegaba . . . y no paraba de contar los . . . que le habían acaecido, hazañas y sobresaltos . . . constituían el argumento de su audacia. El viajero . . . y escribía libros, colaboraba en las secciones de los . . ., se convertía en . . . de las tertulias. Pero el turista contemporáneo, por el contrario, cuando . . ., no importa el lugar donde haya estado . . . transcurrido, no tiene nada que decir. Su completa transcripción . . . se agota en unos minutos sin relieve. Ha cruzado parajes innumerables, . . . santuarios y lugares celebérrimos, ha visitado

la selva personalmente, y no se ve que le haya pasado nada. No le ha pasado nada . . . tiene nada . . . porque todo se encuentra de antemano dicho. Todo lo que ha visto y ha pasado . . . está censado y fotografiado ya, y forma un sistema tópico y consumado. (...)

Vicente Verdú, El País, 27-7-2000

9. Emplee las correspondientes formas del subjuntivo.

1. No creo que [ellos] (estar) en casa — 2. Le aconsejan que [él] (estudiar) un poco más. — 3. La vida moderna exige que [nosotros] (conocer) más de un idioma. — 4. Me habría gustado que [vosotros] (venir). — 5. Yo te aconsejaría que [tú] (tener) más cuidado con lo que dices. — 6. Me encanta que [tú] (vernir) a verme. — 7. Siento mucho que [tú] no (encontrarse) bien. — 8. No esperaba que [vosotros] (venir). — 9. Me gustaría que [tú] (venir) esta noche a cenar con nosotros. — 10. Sentiría mucho que uno de los bandos (tener) que recurrir a medios violentos. — 11. Les molestó que [vosotros] no los (invitar) a la fiesta. — 12. Me gustaría que [tú] (hablar) español. — 13. Para ella será como si el mundo (acabarse) — 14. Es necesario que [vosotros] (acabar) el proyecto para que lo (examinar) el ingeniero responsable. — 15. A él no le gustó nada que tú no le (hacer) caso.

10. Una cultura mestiza (Lectura)

Mis abuelos eran descendientes de gallegos, y muchas de las cosas sobrenaturales que me contaban provenían de Galicia. Pero creo que ese gusto por lo sobrenatural propio de los gallegos es también una herencia africana. La costa caribe de Colombia, donde yo nací, es con Brasil la región de América Latina donde se siente más la influencia de África. En este sentido, el viaje que hice por Angola en 1978, es una de las experiencias más fascinantes que he tenido. Yo creo que partió mi vida por la mitad. Yo esperaba encontrarme en un mundo extraño, y desde el momento en que puse los pies allí, desde el momento mismo en que olí el aire, me encontré de pronto en el mundo de mi infancia. Sí, me encontré toda mi infancia, costumbres y cosas que yo había olvidado. Volví a tener, inclusive, las pesadillas que tenía en la niñez.

En América Latina se nos ha enseñado que somos españoles. Es cierto, en parte, porque el cimiento español forma parte de nuestra propia personalidad cultural y no puede negarse. Pero en aquel viaje a Angola descubrí que también éramos africanos. O, mejor, que éramos mestizos. Que nuestra cultura era mestiza, se enriquecía con diversos aportes. Nunca, hasta entonces, había tenido conciencia de ello.

En el Caribe, al que pertenezco, se mezcló la imaginación desbordada de los esclavos negros africanos con la de los nativos pre-colombianos y luego con la fantasía de los andaluces y el culto de los gallegos por lo sobrenatural.

Gabriel García Márquez, El olor de la Guayaba, 1982

El día de los inocentes

1. *Fiestas de España y de sus Autonomías*

Día de los Reyes Magos
Fallas de Valencia
Feria de Abril
San Antón
Santiago Apóstol
Herri Eguna
San Juan
Fiesta de la Hispanidad
La Díada

KAP (La Vanguardia)

Describa con la ayuda de una enciclopedia o del Internet tres de la fiestas arriba mencionadas.

2. *Ponga un poco de orden.*

Ponga también las comas que usted considere necesarias.

1. La llevaré yo mismo al aeropuerto	a) a fin de que no llegue tarde.
2. Te ayudaré	b) a no ser que nos invite Luis a cenar en su casa.
3. Está dispuesto a todo	c) como no sea que cambie de conducta.
4. Me han colgado un monigote	d) con objeto de discutir sobre la crisis de su empresa.
5. Cualquiera que sea la respuesta	e) con tal de encontrar una solución.
6. Se han reunido	f) de lo que pudiera parecer.
7. Iremos a un restaurante	g) hay que aceptarla.
8. Como lo vuelvas a hacer	h) podré pasar por las entradas para él.
9. Se llevó el coche	i) por miedo a que se enfadara.
10 No se lo dijeron	j) siempre que lo necesites.
11. Saliendo a tiempo	k) siempre y cuando digas la verdad.

12. No tendrás problemas
13. No acabará la carrera
14. Es mucho más difícil

l) sin que lo supiese su padre.
m) sin que yo me diera cuenta.
n) te doy un par de bofetadas.

3. *Un poema de Gustavo Adolfo Bécquer*

Gustavo Adolfo Bécquer nació en Sevilla en 1836 y murió en Madrid en el año 1870 con tan sólo treinta y cuatro años. Su nombre real era Gustavo Adolfo Domínguez Bastida, pero utilizó el segundo apellido de su padre, procedente de un antepasado flamenco, para firmar sus escritos. Fue un romántico tardío –algunos lo consideran como la cima del Romanticismo hispano– y el iniciador de la poesía española contemporánea.

A Elisa

Para que los veas con tus ojos grises,
para que los cantes con tu clara voz,
para que llenen de emoción tu pecho,
hice mis versos yo.

Para que encuentren en tu pecho asilo,
y les des juventud, vida y calor,
tres cosas que yo ya no puedo darles,
hice mis versos yo.

Para hacerte gozar con mi alegría
para que sufras tú con mi dolor,
para que sientas palpitar mi vida,
hice mis versos yo.

Gustavo Adolfo Bécquer

El poeta escribe sus versos para que Elisa ...
(Continúe.)

4. *Formas del condicional*

viajar — tratar — tomar — tener — subir — ser — seguir — relajarse — nadar — jugar — ir — intentar — hacer — dar — correr — contemplar — comer — comenzar

«Si pudiera vivir nuevamente mi vida, en la próxima . . . de cometer más errores. No . . . ser tan perfecto, . . . más, . . . más tonto de lo que he sido; de hecho . . . muy pocas cosas con seriedad. . . . menos higiénico. . . . más riesgos, . . . más viajes, . . . más atardeceres, . . . más montañas, . . . más ríos. . . . a más lugares a donde nunca he ido, . . . mas helados y menos habas, . . . más problemas reales y menos imaginarios.

Yo fui una de esas personas que vivió sensata y prolíficamente cada minuto de su vida, claro que tuve momentos de alegría; pero si pudiera volver atrás . . . de tener solamente buenos momentos. Pero si no lo saben, de eso está hecha la vida, sólo de momentos; no te pierdas el ahora.
Yo era uno de esos que nunca iba a ninguna parte sin un termómetro, una bolsa de agua caliente, un paraguas y paracaídas. Si pudiera volver a vivir, . . . más liviano.
Si pudiera volver a vivir, . . . a andar descalzo al principio de la primavera y . . . así hasta concluir el otoño, . . . más vueltas en calesita. . . . más amaneceres y . . . con más niños, si tuviera otra vez la vida por delante. Pero ya ven, tengo 85 años y sé que me estoy muriendo.»

José Luis Borges

5. Escriba los substantivos que pueden corresponder a los siguientes verbos.

vender	. . .	usar	. . .	tantear	. . .
sustraer	. . .	sondear	. . .	separar	. . .
sentir	. . .	relegar	. . .	reírse	. . .
recordar	. . .	permitir	. . .	perfeccionar	. . .
olvidar	. . .	nacer	. . .	morar	. . .
mencionar	. . .	mejorar	. . .	llamar	. . .
inventar	. . .	inspeccionar	. . .	impedir	. . .
imaginar	. . .	fingir	. . .	desafiar	. . .
examinar	. . .	evocar	. . .	esperar	. . .
engañar	. . .	encontrar	. . .	edificar	. . .
desilusionar	. . .	creer	. . .	conmemorar	. . .
burlarse	. . .	bromear	. . .	alojarse	. . .
aguantar	. . .	afectar	. . .	adornar	. . .
adelantar	. . .	abrir	. . .	abandonar	. . .

6. Traducción

Volverán las oscuras golondrinas

Volverán las oscuras golondrinas
en tu balcón sus nidos a colgar,
y otra vez con el ala a sus cristales
jugando llamarán.

Pero aquellas que el vuelo refrenaban
tu hermosura y mi dicha a contemplar,
aquellas que aprendieron nuestros nombres...
¡ésas ... no volverán!

Volverán las tupidas madreselvas
de tu jardín las tapias a escalar,
y otra vez a la tarde aún más hermosas
sus flores se abrirán.

Pero aquellas cuajadas de rocío
cuyas gotas mirábamos temblar
y caer como lágrimas del día...
¡ésas... no volverán!

Volverán del amor en tus oídos
las palabras ardientes a sonar,
tu corazón de su profundo sueño
tal vez despertará.

Pero mudo y absorto y de rodillas
como se adora a Dios ante su altar,
como yo te he querido...desengáñate,
¡así... no te querrán!

G. A. Bécquer

7. La expresión de la condición

1. Si haces gimnasia todos los días, (sentirte) mejor.
2. Si las riquezas (repartirse) mejor, no habría tanta miseria.
3. Si no durmieras tanto, (tener) tiempo para otras cosas.
4. Si (entrenarse) más, alcanzaría mejores resultados.
5. Si no tenemos más cuidado con el agua, (poder) llegar a morir de sed.
6. Si dejara de fumar, no (toser) tanto.
7. Si no (hablar) tanto en clase, entenderían mejor lo que dice el profesor.
8. Si [yo] hubiera tenido dinero, (comprármelo).
9. Si [vosotros] (invitar) a Roberto, yo no iré.
10. Si usted (ir) a España más a menudo, mejoraría su acento.
11. Si se toma estas pastillas, (pasársele) el dolor.
12. Si [yo] (saber) su e-mail, te lo daría.
13. Si me hubieses dicho que necesitabas este libro, (traértelo) de Madrid.
14. Si hubieras estudiado más, no (lamentarte) ahora.
15. Si [tú] (andar) más deprisa, llegaríamos antes.
16. Si [yo] (sacar) buenas notas, habría ido de vacaciones a Perú.
17. Si me lo hubieras pedido, (dártelo).
18. Si (tomarse) diariamente este té, no sentirá mareos.
19. Si (llegar) muy tarde, no me despiertes.
20. Si [yo] lo hubiera sabido, no (venir).
21. Si lo dijo, yo no lo (oír).
22. Si (quererme) de verdad, todo sería más fácil.
23. Si me hubieras avisado, (ir).
24. Si comes mucho, (engordar).

25. Si (saber) quién los ha hecho, te lo diría.
26. Si hubiese menos turistas, [nosotros] (estar) más tranquilos.
27. Si hubieras estudiado más durante el curso, no (estar) tan preocupado ahora con tus exámenes.
28. Si yo (estar) en tu lugar, iría a hablar con él y (pedirle) un explicación.

8. *Lectura comentada*

Gamines

Para millones de niños latinoamericanos, la infancia es un lujo inalcanzable. En vez de ir a la escuela o jugar, los niños más pobres de la región viven en las calles, vendiendo, mendigando o robando para sobrevivir.

Muchos van a sus casas por las noches o los fines de semana, por lo que son llamados niños en situación de calle. Pero otros fueron abandonados por sus padres o tuvieron que huir de hogares donde abusaban de ellos.

Al aumentar la pobreza en América Latina, ha crecido el número de niños callejeros. Pero también hay más organizaciones no gubernamentales (ONGs) dedicadas a brindarles educación, capacitación, atención médica y refugio.

La calle ha significado desde siempre un lugar de atractivo para los niños. No es la calle en sí misma lo que constituye un riesgo; más aún, no todas las calles son riesgosas, ni las que lo son representan igual riesgo para todos los niños y para todas las edades. Pero cuando un niño no tiene otra posibilidad que estar en la calle y deambular por la ciudad durante gran parte del día, cuando la referencia familiar es prácticamente nula y debe, además de conseguir el sustento diario, dormir a veces en la vía pública, la calle no solamente se torna peligrosa para el niño, sino que pasa a constituir un atentado permanente contra todos sus derechos.

En Uruguay, tomando como punto de comparación de lo que sucede en otros países latinoamericanos y a primera vista, el problema de los niños de la calle no aparece como cuantitativamente importante. Sin embargo, lo alarmante radica en que dada la situación socio-económica cada vez más crítica de un gran porcentaje de familias y ante las estrategias de supervivencia que las mismas instrumentan, es cada vez mayor el número de niños que sin ser formalmente de la calle quedan solos gran parte del día o deben salir en busca de más recursos para contribuir a la economía familiar.

La evolución del problema está marcada en estas circunstancias por un alejamiento paulatino del niño, que si bien en un comienzo se mantiene en su barrio, a medida que avanza su edad tiende a salir de sus límites para *buscarse la vida* en otro sitio. El primer paso a dar es, generalmente, dirigirse hacia los centros comerciales de la ciudad con un objetivo laboral.

A nivel de la opinión pública existe, en general, mucha desinformación y escasa sensibilización frente a esta realidad, que se vuelve consciente sólo cuando los riesgos son, no para los niños, sino para la seguridad personal de quienes sí tienen una familia «bien constituida».

9. Ponga un poco de orden.

1. una — trabajar, — tipos, — tareas — que — Pese a — para — niños — muchos — leyes — laborales — la — la — existencia — establecen — especialmente — en — el — edad mínima — diversos — desarrollan — de — de — de — ciudad. — centro — a diario
2. a — céntrica — comercial — de — de — dedican — diarias — en — generar ingresos — horas — horas — La — la — los — mayor — Montevideo, — muchas — niños, — para — parte — permanecen — que — su propia — subsistencia. — varias — zona
3. y — van — sus — solos — regresan — por — por — o — noche. — mañana — los — la — la — hogares — general — En — centro — al atardecer — al — a — «niños de la calle»

En la consulta del médico

KAP (La Vanguardia)

1. Ponga el texto en el pasado.

La enfermedad del Sr. Carrasco

El Sr. Carrasco es un sesentón que ya está retirado y que vive contento y feliz con su mujer y una hija soltera en una calle céntrica de una capital de provincia. Hasta hoy, ha ido solamente al médico por reconocimientos, resfriados y alguna que otra gripe. Son las diez de la mañana. Madre e hija están muy admiradas de que el padre no haya aparecido por la cocina para preguntar por el café. Se hacen las diez y media y las mujeres, preocupadas, van al dormitorio. El Sr. Carrasco todavía no ha salido de la cama. Les dice que no tiene dolores, pero que no se siente muy bien. Su familia se inquieta. Mientras su hija le prepara una manzanilla, su mujer llama por teléfono al doctor Sanz, que tiene la consulta cerca del piso en el que viven los Carrasco. El doctor Sanz no tarda en llegar. Toca el timbre y la esposa del Sr. Carrasco le abre la puerta, lo pasa al recibidor y después de hablar unos minutos con él, lo lleva a la habitación en la que se encuentra el paciente. El doctor saluda al Sr. Carrasco, le toma el pulso, le examina la garganta, le ausculta el abdomen, le palpa bien el vientre y le pone el termómetro para ver si lleva fiebre. El Sr. Carrasco siente dolores en el vientre, pero responde a las preguntas del médico diciendo que simplemente se siente muy flojo. El doctor Sanz después de constatar que no lleva fiebre, le receta unos calmantes y le dice que, si no se siente mejor, lo llame mañana. El Sr. Carrasco se recupera bastante deprisa y le dice a su esposa que el malestar debe ser consecuencia de la *lifara* que se dio ayer con sus amigos.

2. Consulte el diccionario y escriba los verbos que pueden corresponder a los siguientes substantivos y sus respectivos artículos determinados.

acogida	. . .	alegría	. . .	alusión	. . .
arreglo	. . .	ascensor	. . .	aumento	. . .
bebida	. . .	brote	. . .	carestía	. . .
combate	. . .	concesión	. . .	conclusión	. . .
connotación	. . .	consentimiento	. . .	corrección	. . .
disputa	. . .	dolor	. . .	empleo	. . .
enmienda	. . .	florecimiento	. . .	incremento	. . .
insinuación	. . .	instauración	. . .	intención	. . .
intento	. . .	lucha	. . .	mandato	. . .
mareo	. . .	morada	. . .	necesidad	. . .
pérdida	. . .	petición	. . .	pretensión	. . .
problema	. . .	protección	. . .	receta	. . .
recomendación	. . .	rectificación	. . .	recuperación	. . .
refresco	. . .	remedio	. . .	renuncia	. . .
resolución	. . .	restablecimiento	. . .	significado	. . .
sufrimiento	. . .	sugerencia	. . .	vivienda	. . .

3. Nutrición y salud

Para el desarrollo de los niños es indispensable una alimentación sana. Para conservar la salud, también los mayores tienen que tener cuidado con lo que comen, aunque las necesidades no son las mismas que en el período de crecimiento. Están proliferando las tiendas de productos naturales y biológicos y hay consumidores que se deciden por una nutrición basada en cereales y verduras cultivados sin abonos químicos. El problema es que esta producción es reducida y cara.

Últimamente, han aparecido muchos problemas: la posible contaminación por el consumo de carne de vaca y la fiebre aftosa son dos de los más graves. Hay muchos intereses económicos en juego y el consumidor no siempre dispone de una información suficiente referente a los riesgos a que se expone. Desde algún tiempo a esta parte, se habla de alimentos transgénicos y de manipulaciones en el cultivo de maíz, de soja y otros cereales. Todos estos nuevos experimentos están destinados a aumentar la producción en detrimento, frecuentemente, de la calidad y del sabor.

Es evidente que los expertos en nutrición hoy en día desempeñan un papel importante en la prescripción de dietas equilibradas en función de las necesidades calóricas de cada uno. Han rehabilitado comidas antes consideradas como demasiado *fuertes*. El aceite de oliva, la cocina mediterránea, las legumbres, la pasta, el arroz completo y los cereales, en cantidades razonables, gozan de los favores de las personas que cuidan su alimentación. Recomiendan evitar las grasas, lo mismo que los comisqueos continuos que acarrean muchos problemas de obesidad.

La preocupación por una alimentación sana va aumentando, pero también hay que constatar que se han desarrollado enfermedades debidas a ciertas manipulaciones sobre los alimentos. El consumidor se ha vuelto también muy prudente en cuanto a los productos de consumo, intentando a la vez proteger su salud y el medio ambiente.

Marie-Claude Dana, Espagnol

una nutrición — se preocupa por — recuperado — recibe — prudentes — propagándose de forma abundante — prestar atención a — peligrosos — originadas por — numerosos — la época — juegan — incrementar — inconvenientes — implican — excesivamente — es totalmente necesario — es imprescindible — en lo que concierne a — desenvolvimiento — clientes — artículos — a menudo

Escriba el texto con las variantes propuestas.

4. El cuerpo humano

Hay que cambiar el orden de las letras para obtener 20 partes del cuerpo humano.

ZROONCA ....
ZRNIA ....
UTTSOLIEC ....
UNLGEA ....
SODED ....
ROÑN I ....
REDCAA ....
RANEPI ....
OMAN ....
MILGOBO ....
JOO ....
IPE ....
EBACAZ ....
COBA ....
BORAZ ....
AORTX ....
AJERO ....
AEGMOOST ....
ADGHIO ....
AAILX ....

5. Nuestra Europa

El autor de la viñeta no parece ser muy optimista.
¿Comparte usted su pesimismo? Fundamente su respuesta.

6. El culto al cuerpo

a pequeñas — adaptar — en — en pleno uso — etiqueta — menos — ni — saciar — se han llenado

1. Los supermercados . . . de alimentos más caros y . . . sabrosos que, bajo la . . . light, prometen al consumidor . . . su apetito sin remordimientos . . . sustos en la báscula. Millones de adultos . . . de sus facultades se someten gustosos . . . y grandes torturas cotidianas y dedican sus energías a conseguir . . . sus contornos al molde que se ha convenido . . . considerar perfecto.

tras — tiende a — tiempo — según — muerte — modelos — menor — cuerpo — anhelo — al menos — a

2. Porque, . . . el nuevo catecismo, cada uno tiene el . . . que se merece. El creyente del nuevo culto . . . pensar que desgracias, como la vejez, son algo que sólo les ocurre . . . los demás. Por eso, sus . . . son siempre jóvenes sin el . . . atisbo de la amenaza del . . . en sus ojos. El más profundo . . . de los adeptos del dios cuerpo es, . . . haber renunciado dolorosamente a ser siempre jóvenes, conseguir . . . parecerlo.

Luz Sánchez-Mellado

7. Ponga los verbos en los tiempos convenientes.

1. Esperamos que la suerte te (acompañar) y que (sacar) las oposiciones. — 2. Cuando (ver) a Rosario, le cuentas todo lo que ha ocurrido. — 3. Me dijo que todavía no (saber) si (poder) venir. — 4. Cuando [yo] (terminar) de trabajar pasaré por tu casa. — 5. Es muy probable que [ella] todavía no (enterarse) de lo que (pasar). — 6. Nos quedaremos aquí hasta que (acabar) de llover. — 7. El hizo como si no (saber) nada del asunto. — 8. Os llamaremos en cuanto [nosotros] (llegar) a casa. — 9. ¿Conoces a alguien que (poder) ayudarme a

instalar este programa? — 10. Siempre que nos viene a ver nos (decir) lo mismo. — 11. Cuando (tener) tiempo iré a hacerles una visita. — 12. Mándame un e-mail cuando (lleguar) a tu casa. — 13. Cuando (tener) 18 años, podrás votar. — 14. Aunque (llevar) gafas, yo no creo que sea capaz de leer lo que (poner) en el papel. — 15. Yo creía que (estar) todos informados. — 16. La azafata rogó a los pasajeros que (abrocharse) los cinturones. — 17. ¿Cómo quieres que [yo] lo (saber)? — 18. Cuando lo veas, le dices que te (dar) su nueva dirección. — 19. Lo tendré todo preparado de manera que [tú] (poder) comer enseguida. — 20. Mientras comían (ver) siempre la televisión. — 21. Cuando vinieron nos (traer) un ramo de flores. — 22. Yo no estoy muy seguro de que todos los cazadores (amar) a los animales. — 23. En esta fábrica necesitan una persona que (saber) hablar japonés. — 24. No había nadie que (querer) aceptar la responsabilidad de lo sucedido. — 25. Tan pronto como (llegar), se puso en contacto con el director. — 26. Dicen que de niños (ser) muy felices porque vivían en plena naturaleza. — 27. El consejo municipal decidió la semana pasada que (limitarse) la velocidad en el casco antiguo de la ciudad. — 28. Juan nos dijo que le (avisar) de nuestra llegada. — 29. Me dio este libro para que te lo (traer). — 30. Cerraron las puertas a fin de que no (salir) nadie.

8. *Lectura comentada*

Carta de Ernesto Guevara a Fidel Castro

Fidel:

Me recuerdo en esta hora de muchas cosas, de cuando te conocí en casa de María Antonia, de cuando me propusiste venir, de toda la tensión de los preparativos. Un día pasaron preguntando a quién se debía avisar en caso de muerte y la posibilidad real del hecho nos golpeó a todos. Después supimos que era cierto, que en una revolución se triunfa o se muere (si es verdadera). Muchos compañeros quedaron a lo largo del camino hacia la victoria.

Hoy todo tiene un tono menos dramático porque somos más maduros, pero el hecho se repite. Siento que he cumplido la parte de mi deber que me ataba a la revolución cubana en su territorio y me despido de ti, de los compañeros, de tu pueblo, que ya es mío.

Hago formal renuncia de mis cargos en la dirección del partido, de mi puesto de ministro, de mi grado de comandante, de mi condición de cubano. Nada legal me ata a Cuba, sólo lazos de otra clase que no se pueden romper como los nombramientos.

Haciendo un recuento de mi vida pasada creo haber trabajado con suficiente honradez y dedicación para consolidar el triunfo

revolucionario. Mi única falta de alguna gravedad es no haber confiado más en ti desde los primeros momentos de la Sierra Maestra y no haber comprendido con suficiente celeridad tus cualidades de conductor y de revolucionario. He vivido días magníficos y sentí a tu lado el orgullo de pertenecer a nuestro pueblo en los días luminosos y tristes de la crisis del Caribe. Pocas veces brilló más alto un estadista que en esos días, me enorgullezco también de haberte seguido sin vacilaciones, identificado con tu manera de pensar y de ver y apreciar los peligros y los principios. Otras tierras del mundo reclaman el concurso de mis modestos esfuerzos. Yo puedo hacer lo que te está negado por tu responsabilidad al frente de Cuba y llegó la hora de separarnos.

Sépase que lo hago con una mezcla de alegría y dolor; aquí dejo lo más puro de mis esperanzas de constructor y lo más querido entre mis seres queridos ... y dejo un pueblo que me admitió como su hijo: eso lacera una parte de mi espíritu. En los nuevos campos de batalla llevaré la fe que me inculcaste, el espíritu revolucionario de mi pueblo, la sensación de cumplir con el más sagrado de los deberes: luchar contra el imperialismo dondequiera que esté; esto reconforta y cura con creces cualquier desgarradura.

Digo una vez más que libero a Cuba de cualquier responsabilidad, salvo la que emane de su ejemplo. Que si me llega la hora definitiva bajo otros cielos, mi último pensamiento, será para este pueblo y especialmente para ti. Que te doy las gracias por tus enseñanzas y tu ejemplo y que trataré de ser fiel hasta la últimas consecuencias de mis actos. Que he estado identificado siempre con la política exterior de nuestra revolución y lo sigo estando. Que en dondequiera que me pare sentiré la responsabilidad de ser revolucionario cubano y como tal actuaré. Que no dejo a mis hijos y mi mujer nada material y no me apena; me alegro que así sea. Que no pido nada para ellos, pues el Estado les dará lo suficiente para vivir y educarse.

Tendría muchas cosas que decirte a ti y a nuestro pueblo pero siento que son innecesarias, las palabras no pueden expresar lo que yo quisiera, y no vale la pena emborronar cuartillas. Hasta la victoria siempre. ¡Patria o Muerte!

Te abraza con todo fervor revolucionario

Che

Cuando salí de Cuba

Luis Aguilé

Nunca podré morirme,
mi corazón no lo tengo aquí.
Alguien me está esperando,
me está aguardando
que vuelva allí.

Cuando salí de Cuba,
dejé mi vida, deje mi amor.
Cuando salí de Cuba,
dejé enterrado mi corazón.

Late y sigue latiendo
porque la tierra vida me da,
pero llegará un día
en que mi mano
te alcazará.

Cuando salí de Cuba,
dejé mi vida, deje mi amor.
Cuando salí de Cuba,
dejé enterrado mi corazón.

Una triste tormenta
te está azotando sin descansar,
pero el sol de tus hijos
pronto la calma
te hará alcanzar.

Cuando salí de Cuba,
dejé mi vida, deje mi amor.
Cuando salí de Cuba,
dejé enterrado mi corazón.

Cuando salí de Cuba

Guajira lenta

Letra y música: Luis Aguilé

☺ ***Un cubano le dice a otro:***
—Oye, mi hermano, estoy harto de colas y colas. Colas pa' esto, colas pa' lotro, ¡voy a matar a Fidel!
Al cabo de dos meses, se vuelven a encontrar y el amigo le pregunta:
—¿Cómo terminó lo de Fidel?
—No, chico, que pa' matar a Fidel también hay qu' hacer cola.

☺ ***Una maestra cubana dice a los niños que escriban una breve redacción sobre el tema «revolución» y, al terminar, manda a Pepito que lea la suya:***
—Yo tengo una gata que ayer tuvo cinco gaticos y todos los gaticos son revolucionarios.
La maestra, al ver que Pepito sabía que hasta los gaticos deben ser revolucionarios, propone al director de la escuela que llame al inspector para que oiga la redacción. Pasados tres días llega el inspector a la escuela y la maestra, un poco inquieta, pide a Pepito que lea su redacción y Pepito lee:
—Yo tengo una gata que hace cinco días tuvo cinco gaticos y tres son revolucionarios. Al oír esto, la maestra, bastante decepcionada, le dice:
—Pepito, la primera vez que leyó su redacción dijo que todos los gaticos eran revolucionarios. ¿Qué pasó?
—Bueno maestra, es que dos ¡ya abrieron los ojos!

☺ ***Fidel muere y llega al cielo, pero no estaba en la lista, así que San Pedro lo manda al infierno. Cuando llega al infierno Satanás lo recibe y le dice:***
—¡Hola Fidel! Pasa, pasa que acá estarás como en casa.
—Gracias, Satanás, pero estuve primero en el cielo y dejé olvidadas mis maletas allá.
—No te preocupes, voy a enviar a dos diablitos a recoger tus cosas.
Los dos diablitos llegan a las puertas del cielo pero las encuentran cerradas, pues San Pedro estaba almorzando.
—No importa, le dice uno al otro, treparemos por la pared y sacaremos las maletas sin molestar a nadie.
Ya estaban encima de la pared del cielo cuando dos angelitos que pasaban por allí los ven y uno le dice al otro:
—No hace ni diez minutos que Fidel está en el infierno y ya tenemos refugiados.

Dos policías violan a una magrebí

1. Forme la pasiva de las siguientes frases.

1. La policía ha detenido a varios inmigrantes africanos que se habían propuesto cruzar el Estrecho en una patera. — 2. El ministro ha inaugurado el aula magna de la nueva universidad. — 3. El humo y los residuos químicos polucionan la atmósfera. — 4. Yahwe expulsó a Adán y a Eva del paraíso por comer lo que les ofreció la serpiente. — 5. La policía detuvo al grupo de racistas que había apaleado a un hombre de etnia negra. — 6. Los parlamentarios van a aprobar el proyecto de ley. — 7. Cuatro pistoleros enmascarados asaltaron a la diligencia. — 8. Un conocido sociólogo ha estudiado los movimientos emigratorios de esta región durante los últimos años. — 9. Un famoso escritor peruano está traduciendo el poema. — 10. El tribunal puso en libertad a un acusado. — 11. Una bomba ha destruido totalmente el edificio. — 12. La secretaria aún tiene que escribir las cartas. — 13. El rey no puede recibir al presidente del Gobierno. — 14. La aviación alemana destruyó la capital espiritual de Euskadi. — 15. El ministro recibirá a una delegación de estudiantes. — 16. Los inspectores de Hacienda van a combatir el fraude fiscal. — 17. Los ecólogos acaban de señalar el peligro de los vertidos industriales. — 18. La abejas utilizan el néctar de las flores para la elaboración de la miel. — 19. Han desarticulado a una banda que se dedicaba a la falsificación de billetes de banco. — 20. En las centrales lecheras tienen que esterilizar la leche sometiéndola a una elevada temperatura. — 21. Algunos habitantes del barrio habían visto al malhechor. — 22. Tres periodistas acaban de entrevistar al presidente del Gobierno en directo. — 23. El fiscal presentó pruebas fehacientes de la culpabilidad del acusado. — 24. La fecundación artificial soluciona algunos problemas de fertilidad. — 25. El feminismo defiende la igualdad de derechos de la mujer frente al hombre. — 26. La búsqueda de una situación mejor es lo que provoca la migración humana.

2. Actitud rechazable

Complete las frases.

1. *se produzcan — se opone — padres — ha ordenado — edades — de procedencia — cuyos — convivencia — comunidad — actitud*

   Un grupo de . . . de niños españoles de un colegio ceutí, . . . alumnos son en un 30% magrebíes y musulmanes, . . . a que otros 30 niños inmigrantes . . . marroquí, en . . . comprendidas entre 13 y 16 años, sean escolarizados en dicho centro, como . . . la Fiscalía de Menores de Ceuta. En cualquier lugar de España esa . . . sería condenable. En Ceuta es, además, chocante. Sorprende verdaderamente que en una . . . multiétnica y pluriconfesional como la ceutí, acostumbrada, por tanto, a una . . . entre niños de diversas culturas, . . . estas actitudes de rechazo.

2. *camuflan — ciudad — escolares — estos — o de — pasa — puede — rechazo — religión — suceder*

Ceuta es una . . . de 75.000 habitantes, de los que unos 30.000 son de origen bereber y de . . . musulmana. Al menos 4.000 . . . menores de 14 años son magrebíes y musulmanes. Casi todos ellos están escolarizados en centros públicos. ¿Qué . . ., pues, con estos 30 niños y a qué se debe el . . . frontal a su escolarización? Como suele . . . en estos casos, los padres opositores . . . sus prejuicios racistas o xenófobos –se trate de gitanos . . . inmigrantes– en el supuesto carácter conflictivo de . . . niños y en el riesgo que . . . entrañar para sus hijos su proximidad en las aulas.

3. *localizan — leyes — integrarlos — instituciones — desamparo — de — controles — ciudad*

Se trata . . . niños marroquíes llegados a Ceuta tras burlar los . . . fronterizos y que se quedan en la . . . mientras las autoridades . . . a sus familias en su país de origen. Entre tanto, permanecen acogidos en . . . españolas, que, de acuerdo con las . . . de inmigración, procuran . . . y que su situación de . . . no agudice todavía más su desarraigo social.

4. *a recibir — autoridades — con — derecho — escolarización — garantizará — ha afirmado — intervención — ningún — opositores — preocuparnos — racistas*

En situaciones como ésta, las . . . no deben transigir, sino conjugar la firmeza . . . el diálogo. Las leyes españolas garantizan el . . . de escolarización de estos niños. Es impresentable que los padres . . . pongan a sus hijos como pantalla –«tenemos que . . . ante todo de nuestros hijos», dicen– para justificar su rechazo a la . . . de otros niños. La ministra de Educación . . . que su departamento . . . la escolarización de estos 30 niños inmigrantes, y el Defensor del Pueblo ha anunciado su . . . de oficio en el asunto. Bajo . . . concepto debe permitirse que prejuicios . . . o xenófobos, explícitos o no, se antepongan al derecho de unos niños . . . una educación integrada.

Editorial, El País, 15-11-2000

3. Ejercicio creativo

Redacte el posible diálogo que pudo haber tenido lugar entre el guardia y el fumador.

4. Ordene los sinónimos.

trasladar — trabajo — territorio — solucionar — ser necesario — sacar — retroceder — probar — pretexto — poner en prisión — poner en juego — pastilla — oficio — municipio — mundo — mostrar — llenar el bolsillo — liberar — legalizar — jornal — instauración — incuestionable — impuesto — ilegal — figurar — eximir — evidente — escribir — diario — detener — delito — delincuencia — dejar — de antemano — cuidado — crecimiento — considerar — condenar — compañero — cimentar — avanzar — alcanzar

adelantar	. . .	aparecer	. . .	arrestar	. . .
arriesgar	. . .	aumento	. . .	camarada	. . .
clandestino/a	. . .	comarca	. . .	contribución	. . .
criminalidad	. . .	demostrar	. . .	desplazar	. . .
encarcelar	. . .	enriquecer	. . .	enseñar	. . .
establecimiento	. . .	excusa	. . .	extraer	. . .
fundamentar	. . .	gragea	. . .	incontrovertible	. . .
independizar	. . .	indiscutible	. . .	infracción	. . .
librar	. . .	localidad	. . .	obtener	. . .
ocupación	. . .	periódico	. . .	por adelantado	. . .
precaución	. . .	prestar	. . .	profesión	. . .
recular	. . .	redactar	. . .	regularizar	. . .
resolver	. . .	salario	. . .	sentenciar	. . .
tener en cuenta	. . .	ser preciso	. . .	universo	. . .

5. Ponga los acentos necesarios.

Depende del color

Sabado 24 por la noche, mas o menos las once y media, oimos gritos en la calle pidiendo socorro y nos asomamos a la ventana para ver que ocurria.

Lo que vimos fue que un hombre le rompia a otro una botella en la cabeza y a continuacion cogia un palo y seguia dandole golpes, mientras el otro intentaba huir a gatas. Mi hijo llamo inmediatamente a la policia y, despues de solicitarle todos sus datos, le preguntaron que cuantas personas estaban involucradas en la pelea y que de que color eran.

Mi hijo les respondio que no habia tenido tiempo de fijarse en el color, solo en que uno de ellos estaba dandole con un palo en la cabeza a otro que parecia ya incapaz de defenderse; pero la persona que nos atendio en el 112 insistia en que le aclararamos el color, y cuando mi hijo, desde el telefono, me lo pregunto a mi yo le dije que uno de ellos, el que estaba siendo golpeado, parecia suramericano; le dieron las gracias por la llamada y colgaron; al atacante consiguieron pararlo unos chicos que pasaban por alli, y se fue gritando en un perfecto castellano sin ningun acento; al otro se lo llevo una chica que lo acompañaba.

La policia no aparecio por alli; mas o menos veinte minutos mas tarde nos llamo para preguntar si quedaba alguien.

Parece ser que, si las personas con problemas no son arios puros, la actuacion de la policia se relantiza considerablemente. ¿Habra sido una decisión de la persona que atendia el telefono u ordenes de sus superiores?

María José Vicario, El País, 2-7-2000

6. Ejercicio de traducción

España no concede gratuitamente su nacionalidad. Por eso, los inmigrantes que buscan un atajo a la legalidad tienen que agudizar la imaginación. El fenómeno de los denominados «niños ancla», es decir padres ilegales que deciden tener un hijo en nuestro territorio, es sólo una de sus estrategias. El niño es, automáticamente, español. Y, ante este hecho consumado, el camino se allana. «Las autoridades se ablandan. Es muy difícil que la Administración expulse a una pareja con un recién nacido nacional», explica Daniel Senovilla, del Comité de Ayuda al Refugiado y al Emigrante.

El País 26-7-1998

7. Transforme las frases empleando la pasiva reflexiva.

1. La situación ha sido analizada detenidamente. — 2. El presidente será recibido en el aeropuerto. — 3. Las advertencias no fueron tenidas en cuenta. — 4. La manifestación fue disuelta en pocos minutos. — 5. El gasto público ha sido congelado. — 6. El problema será tratado en la próxima reunión. — 7. Los

atracadores acaban de ser sido detenidos. — 8. Don Ceferino es considerado como hombre muy sabio en toda la región. — 9. Todas las posibilidades debieron ser discutidas. — 10. La economía es reactivada. — 11 . Fue visto en el Barrio Chino acompañado de una persona de mala reputación. — 12. Dos mil obreros serían despedidos. — 13. El tramo de la autopista había sido cerrado a causa de un accidente. — 14. El fue despedido por falta de puntualidad. — 15. El año pasado fueron construidas más de mil viviendas. — 16. El atentado fue interpretado como un aviso de que la banda no estaba dispuesta a ceder. — 17. La nueva estación va a ser inaugurada la semana próxima. — 18. La legislación sobre el aborto ha sido mantenida. — 19. La operación fue llevada a cabo con mucho sigilo. — 20. El artículo será publicado en un periódico sudamericano.

8. Lectura comentada

La odisea de la inmigración

Desde hace años, la moderna inmigración salvaje de ciudadanos africanos con dirección a las costas españolas no encuentra reposo. Y con ella, no descansa la nómina de muertos que van quedando atrás en el intento de alcanzar el paraíso con que se ha venido soñando hasta ahora en países del Magreb y, desde hace unos meses, en países subsaharianos. La crónica negra no ha dejado de alimentar –en páginas espeluznantes por todos los conceptos– los titulares de una tragedia impresionante, tanto más si se piensa que se está produciendo a las alturas del nuevo milenio y a las puertas de un continente, como es Europa, considerado uno de los epicentros del moderno desarrollo industrial, donde la pujante economía del mundo tiene, junto con los Estados Unidos y Japón, un modelo.

No pasa un día sin que haya pateras que naufraguen dejando su huella de muerte en el mar, o vehículos de transporte que sirven de ataúdes a inmigrantes alojados entre los herrajes de las ruedas o entre la carga, donde acaban asfixiados, o detenciones policiales de anónimos ilegales a los que se repatria a sus inciertos lugares de origen que nunca figuran por lo regular en ningún dato de identidad. Son páginas cargadas de un enorme dramatismo que no se corresponden con el escenario desarrollado en que se produce ni con los niveles de organización con que se cuenta hoy en países como España, Francia o Italia.

Es un calvario que no conoció la también masiva inmigración europea de posguerra cuando Alemania Occidental se abría tentadora hacia las necesidades de países como Italia, España o Turquía. Ante tanta víctima propiciatoria de hoy viene bien recordar que, a partir de la década de los cincuenta, millones de trabajadores encontraron cobijo en tierras centroeuropeas sin que hubiera que pagar tan alto precio. Entonces, Alemania ofertaba sus puestos de trabajo con generosidad a cambio de que no se sobrepasaran los límites de la

legalidad. El gobierno alemán se volcó en esta empresa precursora del «milagro económico de Erhard». Entraban miles de trabajadores extranjeros, pero nadie sin su correspondiente permiso de trabajo ni sus requisitos elementales de integración en la nueva sociedad de vida y trabajo, que se expedían desde los consulados de origen donde se exponía regularmente su oferta de empleos.

Hoy, los gobiernos europeos afectados por la inmigración no se han volcado aún en esta empresa con seriedad y organización. Para empezar, mafias sin escrúpulos mueven desde hace años esta inmigración salvaje y aún no se tiene conocimiento de que se hayan desarticulado a fondo sus tentáculos. De otro lado, los gobiernos europeos no ejercen con eficacia la necesaria persuasión diplomática cerca de los países de emigración para que, desde el origen, se frene la salida incontrolada, ni han tomado la iniciativa de aplicar –a cambio de contener las ansiedades de los desclasados hacia esta Europa paradisíaca– una política de financiación de planes de desarrollo industrial. Sería la obligada y provechosa reacción de la Europa rica con el África pobre que vería detenida así tanta sangría.

No hace falta recordar que las oleadas de inmigración han causado ya en España tantos problemas sociales, políticos y laborales no por sus connotaciones sociales o raciales sino por su carácter de ilegal y desorganizado, circunstancias en las que descansa el germen conflictivo real, tanto para los que llegan sin condiciones de vida y asimilación mínimas –que es lo que esta sociedad moderna debe ofrecer– como para el país en el que se pretenden establecer.

Pablo San Sebastián, La Estrella, 17-4-2000

9. Inmigrantes

En apenas veinticuatro horas de tiempo, llegan noticias de que dos emigrantes, dos, en distintos lugares, han sido secuestrados por los mafiosos que los trajeron a España porque sus familias no habían pagado la cantidad estipulada para su viaje en patera: 300.000 pesetas. La policía española ha intervenido en los dos casos y ha detenido a los miembros de las bandas –porque se trata de bandas– con las que contactaron. Uno de los emigrantes contó que en su patera viajaban 40 personas. O sea, doce millones de pesetas. Libres de impuestos. No se sabe si es por una mayor concienciación de los medios de comunicación, o por la creación de una delegación de gobierno para la inmigración, o por la polémica que provoca la reforma de la ley de extranjería, pero lo cierto es que ahora hay abundancia de noticias sobre el turbio mundo de los inmigrantes ilegales. Y todas ellas encogen el corazón y llenan de indignación.

Los testimonios de los hombres, mujeres y niños que viajan ilegalmente a España demuestran que tenían razón quienes denunciaban hace tiempo que en ese mundo se estaban creando grupos organizados de gentes sin escrúpulos que se hacían de oro a costa de la miseria de quienes huyen de la miseria.

Estos días están en discusión los artículos de la Ley de Extranjería que el gobierno pretende modificar; y que modificará, pues tiene mayoría absoluta. La discusión política se centra en esos artículos, pero lo que importa es la gente con cara y ojos, sus historias personales, en las que sólo hay desgracias, su huida hacia España en condiciones infrahumanas porque prefieren la muerte y el miedo a lo desconocido al horror del hambre, las enfermedades y la imposibilidad de acceder a un futuro mejor.

Es una de las cuestiones en las que hay que poner de verdad el acento. Hay que asumir que somos un país de acogida y un país que no puede rechazar sistemáticamente a quien considera España su única tabla de salvación. Es preciso regular las llegadas y las condiciones de acogimiento, como también es necesario marcar unas obligaciones para quienes llegan. Pero sobre todo, es fundamental, hay que acabar con los negreros. Que existen. Y viven entre nosotros.

Pilar Cernuda, Heraldo de Aragón, 5-7-2000 (370 palabras)

Anotaciones

2 secuestrar: [entführen]
4 estipulado/a: convenido/a, acordado/a, que se ha fijado anteriormente
5 intervenir: actuar, tomar parte [eingreifen]
6 contactar: entrar en contacto [Verbindung aufnehmen]
9 concienciación (f.): toma de conciencia, sensibilización [Bewusstwerdung]
12 turbio/a: oscuro, confuso
13 encogerse el corazón: amedrentarse, coger miedo
15 denunciar: informar clara y abiertamente sobre una situación injusta
17 hacerse de oro; aquí: ganar cantidades enormes de dinero
25 acceder a: llegar a, obtener
27 asumir: aceptar, reconocer
acogida (f.): [Aufnahme]
28 tabla de salvación: [wörtl.: Rettungsbrett; hier: Rettung]
30 marcar: determinar claramente, proclamar
31 negrero (m.): persona que trafica con seres humanos.

Cuestiones sobre el texto

1. ¿Qué suceso se menciona al comienzo del texto?
2. ¿Por qué han sido secuestrados los dos emigrantes?
3. ¿Cuánto tienen que pagar por atravesar el Estrecho?

Ventura, La Vanguardia

4. ¿Cuáles son, según la autora del texto, los motivos que contribuyen a que se hable más de la emigración?
5. Pilar Cernuda escribe en este texto: «lo que importa es la gente con cara y ojos».
   Explique lo que autora quiere hacer ver con esta expresión.
6. ¿Qué es lo que lleva a los emigrantes, según este texto, a salir de sus países?
7. ¿De qué se tienen que dar cuenta los españoles?
8. ¿Cuál es el problema más grave que conlleva la emigración?

Análisis y comentario

1. Estructure y resuma con sus propias palabras el contenido del texto.
2. En el texto se hace referencia a bandas que se benefician de los ilegales
   a) Describa partiendo de las informaciones que nos da el texto a este grupo de personas
   b) ¿Existen otros grupos que sacan provecho de la presencia de los ilegales?
3. ¿De qué se tienen que concientizar los españoles en opinión de Pilar Cernuda?
4. Exponga algunas de las causas por las que los ilegales abandonan sus países.

Angelitos negros

Música: M. Alvarez Maciste
Letra: A. Eloy Blanco

Angelitos negros

Andres Eloy Blanco

Pintor, nacido en mi tierra
con el pincel extranjero,
pintor que sigues el rumbo
de tantos pintores viejos.

Aunque la virgen sea blanca,
píntame angelitos negros,
que también suben al cielo
todos los negritos buenos.

Pintor, si pintas con amor,
¿por qué desprecias su color
si sabes que en el cielo
también los quiere Dios?

Pintor de santos de alcoba,
si tienes alma en el cuerpo,
¿por qué al pintar en tus cuadros
te olvidaste de los negros?

Siempre que pintas iglesias,
pintas angelitos bellos,
pero nunca te acordaste
de pintar un ángel negro.

El castellano en Cataluña

1. Elija la frase.

1. La madre se dirige a su hijo: «Deja de llorar.»
   a) La madre le dice que deje de llorar.
   b) La madre le dice que dejara de llorar.
   c) La madre le dice de dejar de llorar.
2. La abuela al abuelo: «¡Qué dolor!»
   a) La abuela le dice que le duele.
   b) La abuela se queja del dolor.
   c) La abuela le dice que le dolió.
3. Juan a su novia: «¿Pasas a recogerme?»
   a) Juan le dice que pase a recogerle.
   b) Juan le pregunta si pasará a recogerle.
   c) Juan le pide que pase a recogerle.
4. La novia a Juan: «Por favor, ¡pasa tú a recogerme!»
   a) La novia le ruega que pase él a recogerla.
   b) La novia le dice que pasa él a recogerla.
   c) La novia le pregunta si pasará él a recogerla.

5 El inspector de aduanas ordenó al viajero: «Abra su maleta.»
   a) El inspector de aduanas le ordenó que abra su maleta.
   b) El inspector de aduanas le ordenó que abre su maleta.
   c) El inspector de aduanas le ordenó que abriera su maleta.

6. El profesor se dirigió a los alumnos diciéndoles: «Cerrad los libros.»
   a) El profesor les mandó que cerraban los libros.
   b) El profesor les dijo que cerrasen los libros.
   c) El profesor les pidió que cerraran los libros.

2. Pronombres relativos

1. Hay gente . . . se pasa la vida viendo la televisión. — 2. La Constitución Española quiere garantizar los derechos de todos . . . viven en España. — 3. Se ha dejado las llaves del coche en el café en . . . ha desayunado. — 4. Conozco a muchos catalanes . . . también se sienten españoles. — 5. La señora por . . . preguntas es una tía nuestra. — 6. Es una canción mexicana

de . . . letra ya no me acuerdo. — 7. Andalucía es una región . . . habitantes no siempre encuentran trabajo en las zonas en las que viven. — 8. No te preocupes. No diré nada de . . . me acabas de contar. — 9. Fue una ponencia . . . conclusión nos dejó atónitos a todos. — 10. ¿Has comprendido bien . . . acaban de decirte? — 11. Rosalinda es una catalana . . . padres tenían mucha amistad con unos primos de mi madre. — 12. El CD de . . . hablas todavía no lo he oído. — 13. Dicen que la frontera . . . separa a México de los Estados Unidos es un verdadero coladero. — 14. En Aragón hay regiones . . . habitantes también hablan catalán. — 15. La inmersión lingüística es una medida . . . fines no siempre son aceptados por todas las personas . . . viven en Cataluña. — 16. Llegamos a una casa abandonada . . . puertas estaban abiertas. — 17. Cataluña es una región de . . . historia están gran número de sus habitantes muy orgullosos. — 18. Es una mujer . . . personalidad llama a todos la atención. — 19. Hay personas para . . . la vida consiste en hablar mal de los demás. — 20. ¿Sabes . . . le ha pasado a Salvador? — 21. La persona de . . . habláis no me es conocida. — 22. Esta ha sido la causa por . . . no ha podido llegar a tiempo. — 23. Los medios de comunicación no informan bien de los problemas reales . . . tienen en esta región. — 24. ¿Puedes decirme dónde está el comercio . . . te has comprado esta chaqueta tan bonita? — 25. La chica de . . . te he hablado es una prima de mi novia.

3. Ordene los antónimos.

abstracto/a — abundante — aburrido/a — aceptar — aferrarse — alegrarse — aparición — aumento — culto/a — encantar — entusiasmo — equilibrio — favorable — frecuente — frenar — futuro — hablar — igual — impedir — incluir — infancia — interés — luchar — lleno/a — moderno/a — natural — obligatorio/a — odio — presencia — progreso — promover — rápido/a — recordar — riqueza — saber — sencillo/a — trabajador/a — ventaja — constante

vejez	. . .	variante	. . .	vacío/a	. . .
simpatía	. . .	retroceso	. . .	resignarse	. . .
rechazar	. . .	raro/a	. . .	presente	. . .
pobreza	. . .	perezoso/a	. . .	paulatino/a	. . .
olvidar	. . .	libre	. . .	instabilidad	. . .
incrementar	. . .	inconveniente	. . .	impulsar	. . .
ignorante	. . .	exiguo/a	. . .	excluir	. . .
entristecerse	. . .	enmudecer	. . .	divertido/a	. . .
diferente	. . .	detener	. . .	desinterés	. . .
desentenderse	. . .	desconocer	. . .	descenso	. . .
desaparición	. . .	desagradar	. . .	concreto/a	. . .
complicado/a	. . .	ausencia	. . .	artificial	. . .
apatía	. . .	anticuado/a	. . .	adverso/a	. . .

4. Escriba una redacción con las informaciones contenidas en el texto.

—¡Oiga!
—Sí, dígame...
—¡Hola! Ana. Soy Marcos. ¿Está Julio, por favor?
—¡Hola! Marcos. No, no está.
—Mira, es que no podré ir a Madrid este fin de semana y necesito urgentemente el expediente que dejé en su despacho. Mandádmelo a la oficina de Segovia, por favor. Ah, ¡otra cosa! ¿Ha pensado él en el regalo para el cumpleaños de Tere? ¡Llamadme cuando hayáis decidido algo! Pasaré por Madrid la semana próxima, ya nos veremos... Bueno, besos, chula, y un abrazo al tío.

5. Ponga las frases en activa.

1. El nuevo alcalde ha sido entrevistado por un periodista. — 2. El plano de la clínica será diseñado por un arquitecto conocido. — 3. Su hermano ha sido admitido en el nuevo conservatorio. — 4. La circulación tuvo que ser interrumpida durante varias horas por los agentes de tráfico. — 5. La vida de varios marroquíes cuya patera estaba a punto de naufragar sería salvada por un barco pesquero. — 6. Tras el accidente, fue operado por uno de los mejores cirujanos de la ciudad. — 7. Casi todas las aguas de la región van a ser contaminadas por los desechos industriales. — 8. Varios agentes de la policía acabarían siendo heridos por los manifestantes. — 9. Los terrenos eran visitados por muchos interesados. — 10. Antes de comenzar la clase los libros de texto habían sido distribuidos por el profesor entre los alumnos. — 11. Los políticos son acusados por los manifestantes de no preocuparse del problema. — 12. La situación laboral de la mujer en esta región seguirá siendo analizada por la comisión. —13. El cursillo fue clausurado por el presidente de la Diputación tras haber pronunciado un breve discurso. — 14. Tres delincuentes van a ser detenidos por la policía. — 15. La prohibición del consumo de bovino de esta región ha sido propuesta por una comisión de veterinarios. — 16. Una tregua de tres meses sería declarada por ETA.

6. Relate en estilo indirecto el contenido de la escena partiendo de siguiente guión cinematográfico.

(Ana e Isabel han ido al campo a recoger setas con su padre, apicultor)

Apicultor. ¿Veis aquel monte? Allí está el jardín de las setas, como él (el abuelo del apicultor) lo llamaba. ¿Y sabéis por qué? Porque allí crece la «Yema de huevo», la mejor de todas...

Ana. ¿Por qué no vamos?

Apicultor. Está muy lejos. Y con vosotras, que sois muy flojas, no llegaríamos nunca... Otro día iremos. Pero tenéis que prometerme una cosa...
No decir nada a vuestra madre, ¿prometido?
Mirad lo que hay aquí: un auténtico demonio.

Ana. ¡Qué bien huele!

Apicultor. Sí, cuando es joven, engaña. Pero de vieja es otra cosa. Fijaos bien en ella, hijas. Fijaos en ese color verde que tiene el sombrero. Fijaos en esas láminas amarillas y blancas. Es la seta cicuta. No la olvidéis. Es la peor de todas. Al que la prueba, no hay quien le salve; se muere sin remisión.

Víctor Erice, Ángel Fernández Santos, El espíritu de la colmena, 1973

7. Ponga un poco de orden.

1. xenófobos — tienen — su — son — que — prejuicios — no — nacionalidad. — misma — Los — los — frente — de — a
2. caprichos — convertido — de — de — en — esclavo — esposa. — ha — Juan — los — se — su — un — verdadero
3. todos — terminaban — tal — razón. — que — poder — la — era — El — diputado — de — de — dándole — convicción — aquel
4. actual — cabida — comprobar — consumista. — en — es — grato — la — los — No — no — pobres — que — sociedad — tienen
5. su — sonrisa — seguro — que — malas — intenciones. — Estoy — esconde
6. de — de — el — en — entres — errores — español. — estudiantes — generales — la — Los — los — para — por — preposiciones — son — uso — y
7. vivos. — seres — que — Los — los — los — la — información — genética — está — en — de — cromosomas — contenida — biólogos — afirman
8. a — africanos — cruzar — detenido — el — en — Estrecho — ha — habían — inmigrantes — La — patera. — policía — propuesto — que — se — una — varios
9. y — residuos — químicos — polucionan — los — la — humo — El — atmósfera.
10. de — demás. — el — fumadores — humo — Los — los — muchas — pasivos — que — soportar — tienen — veces
11. y — serpiente. — que — por — paraíso — ofreció — lo — les — la — fueron — expulsados — Eva — del — comer — Adán

Desde que, el mes de mayo de 1980, tomé posesión, por primera vez, de la presidencia de la *Generalitat*, durante casi trece años, mi acción de gobierno ha quedado enmarcada por la democracia y la autonomía, dos valores y dos realidades finalmente recobrados por la sociedad española. Huelga decir que, desde la perspectiva del catalanismo, se trata de valores y realidades que se condicionan mutuamente, por lo que es lógico que su recuperación se produjera casi simultáneamente y como consecuencia de un mismo impulso.

Esta conjunción ha sido, en conjunto, histórica y decisiva, como lo han sido los años que llevamos viviendo bajo su signo. Ni los problemas sufridos, que los ha habido, ni la crisis actual pueden hacernos olvidar que la democracia y la autonomía han generado uno de los periodos más brillantes de la España contemporánea. Por la reconstrucción interior y por la incardinación exterior: jamás se había alcanzado una presencia tan normal y normalizada. España en la OTAN y en la CE es una España de progreso situada, exactamente, en los antípodas de la autarquía y del «¡que inventen ellos!».

Si histórica es la nueva proyección exterior –como histórico es el nuevo clima de competitividad interior, pese a todas sus limitaciones–, no lo es menos la nueva organización del Estado: la España de las Autonomías, el «café para todos» de la generalización autonómica. En su plasmación actual la estructura autonómica española resulta insuficiente para las aspiraciones catalanas, aunque ha representado un progreso muy importante respecto a la anterior organización estatal altamente centralizada. Cataluña ha colaborado intensamente en la realización de este proyecto, aunque esta colaboración no ha generado siempre la comprensión y la colaboración deseables. Quedan en la opinión pública española vestigios latentes de anticatalanismo, que no simplifican ciertamente la situación, y el gobierno socialista se mueve en este medio con una política autonómica cargada de reticencias y suspicacias.

Desde que en 1977 se reanudó la interrumpida vida parlamentaria española, mi gobierno optó clarísimamente, con ejemplos repetidos, por la gobernabilidad del Estado: la discusión de la Constitución y el Estatut fueron muestras supremas de ello. Pese a esta política sostenida, que llega –es otro ejemplo– al acuerdo de mínimos de la presencia del catalán en el Senado, da la impresión de que tanto la coalición que presido como el gobierno catalán han de deambular por la vida política española haciéndose perdonar Dios sabe qué pecados, no sé si originales o no. Esta es una situación incómoda que llega a poner en cuarentena la procedencia de la generalización autonómica, porque, como mínimo debía haber servido para enterrar definitivamente los fantasmas del pasado.

A causa de esta persistencia y de una política del gobierno central recuperadora de competencias, el éxito y el progreso de estos años debe ser matizado en una valoración conjunta. Es preciso hacerlo para evitar que, con tanto hablar del Estado de las Autonomías, no quedaran de él más que unas bellas palabras.

Pero seguiremos insistiendo, porque queremos estar muy presentes en la España posible que colectivamente hemos decidido construir. Nuestro mejor servicio a ella es aportar sinceramente nuestra identidad colectiva sin trabas ni mistificaciones. Y todo cuanto ella comporta: autenticidad en el interior, abertura en el exterior, modernidad, competitividad, calidad de vida... Para que el país que entre todos construyamos sea verdaderamente de todos y para todos.

Jordi Pujol, Blanco y Negro, 18-4-1993 (553 palabras)

Anotaciones

1 tomar posesión: [in ein Amt eingeführt werden]
3 quedar enmarcado/a: ser caracterizado [Einrahmen]
4 recobrado/a: recuperado
5 huelga decir: no es necesario decir
6 condicionarse: ser dependiente uno/a de otro
9 conjunción (f.): convergencia, unión
12 generar: originar, tener como consecuencia
13 incardinación exterior (f.); aquí: lugar obtenido fuera de la nación
16 antípoda (m.); aquí totalmente contrario
que inventen ellos: actitud pasiva, desinterés, apatía
21 «café para todos»: todos tienen derecho a ello
plasmación (f.): realización, forma
24 altamente: enormemente, excesivamente, muy
27 vestigio (m.): síntoma, indicio, resto
29 cargado/a: lleno
reticencia (f.): reserva, recelo
suspicacia (f.): falta de confianza
31 reanudar: volver a ser realidad, renacer
37 deambular: andar, caminar
38 Dios sabe qué pecados originales: faltas (pecados) que no se pueden precisar, pecados abstractos
40 enterrar; aquí: hacer desaparecer
41 persistencia (f.): insistencia, firmeza
50 traba (f.): estorbo, tapujo

Análisis y comentario

1. Estructure y resuma el contenido del texto.
2. ¿Qué nos dice el presidente de la Generalitat del desarrollo de la nación española en los últimos años?

3. ¿De qué acusa Jordi Pujol al Gobierno de Madrid y a la opinión pública española?
4. Describa la situación de Cataluña en el tiempo del franquismo.
5. ¿Se puede decir, partiendo de este texto, que Jordi Pujol propugna un nacionalismo separatista?
   Fundamente su respuesta.

Cuatro chistes de catalanes

☺ ***— ¿Qué diferencia hay entre un vasco que con el paso del tiempo se queda calvo y un catalán al que le pasa lo mismo?***
— El vasco se compra una txapela (boina) y el catalán se vende la pinta (peine).

☺ ***— ¿Qué hace un catalán si tiene frío?***
— Se pone al lado de la estufa.
— ¿Y si tiene mucho frío?
— La enciende.

☺ ***Un catalán en Tierra Santa:***
— ¿Cuánto cuesta la travesía por el lago?
— 10 dólares.
— ¡Eso es un abuso!
— No olvide que Jesús de Nazaret anduvo por estas aguas
— No me extraña ¡con estos precios!

☺ ***Un catalanet le dice a su padre:***
— Papá, Papá, he venido del colegio corriendo detrás del autobús y me he ahorrado 20 duros.
A lo que su padre le responde:
— Haber venido corriendo detrás de un taxi y te habrías ahorrado cien.

El Padrenuestro en las cinco lenguas de la Península Ibérica

Castellano

Padre nuestro que estás en el cielo,
santificado sea tu nombre,
venga tu reino,
hágase tu voluntad
en la tierra como en el cielo.
Danos hoy nuestro pan de cada día;
perdona nuestras ofensas
así como nosotros perdonamos a los que nos ofenden;
no nos dejes caer en tentación
y líbranos del mal.
Amén.

Catalán

Pare nostre que esteu en el cel:
Sigui santificat el vostre nom,
vingui a nosaltres el vostre regne.
Faci's la vostra voluntat,
així en la terra com en el cel.
El nostre pa de cada dia, doneu-nos-el avui.
I perdoneu els nostres deutes,
així com nosaltres perdonem als nostres deutors.
I no permeteu que nosaltres caiguem en la temptació,
ans deslliura'ns del mal.
Amén

Gallego

Noso pai que estás no ceo:
santificado sexa o teu nome,
veña o teu reino
fágase a túa vontade
qui na terra coma no ceo.
Danos hoxe o noso pan de cada dia;
perdoa as nosas ofensas,
como tamén perdoamos nós
quen nos ten ofendido;
non nos deixes caer na tentación,
mais libranos do mal.
Amen

Portugués

Pai nosso que estais no céu,
santificado seja o vosso nome,
venha a nós o vosso reino,
seja feita a vossa vontade,
assim na terra como no céu.

O pão nosso de cada dia nos dai hoje;
perdoai-nos as nossas ofensas,
assim como nós perdoamos a quem nos tem ofendido,
e não nos deixeis cair em tentação,
mas livrai-nos do mal.

Amen.

Vasco

Gure Aita zeruetan zerana
santu izan bedi zure izena
etor bedi zure erreinua
egin bedi zure naia
zeruan bezela lurrean ere.

Emaiguzu gaur egun ontako ogia
barkatu gure zorrak
guk ere gure zordunai
barkatzen diegun ezkero
eta ez gu tentaldira eraman
bañan atera gaitzazu gaitzetik.

Amen

Cifras de población por Comunidades Autónomas

Comunidad autónoma	*Censo 1991 (INE*)*	*Censo 2001 (INE)*	*Variación (%)*
Andalucía	6.940.522	7.357.558	6,01 %
Cataluña	6.059.494	6.343.110	4,68 %
Madrid	4.947.555	5.423.384	6,62 %
Comunidad Valenciana	3.857.234	4.162.776	7,92 %
Galicia	2.731.669	2.695.880	-1,31%
Castilla y León	2.545.926	2.456.474	- 3,51%
País Vasco	2.104.041	2.082.587	-1,02 %
Castilla-La Mancha	1.658.446	1.760.516	6,15%
Canarias	1.493.784	1.694.477	18,69 %
Aragón	1.188.817	1.204.215	1,29 %
Murcia	1.045.601	1.197.646	14,54 %
Asturias	1.093.937	1.062.998	- 2,82 %
Extremadura	1.061.852	1.058.503	- 0,31 %
Baleares	709.841	841.669	18,68 %
Navarra	519.277	555.829	7,04 %
Cantabria	527.326	535.131	1,48 %
La Rioja	263.434	276.702	5,04 %
Ceuta	67.615	71.505	5,75 %
Melilla	56.600	66.411	17
Total nacional	**38.872.268**	**40.847.371**	**5,08 %**

* INE: Instituto Nacional de Estadistica

Cifras de población por capitales de provincia

(Censo 2001)

Madrid	2.936.723	*Huelva*	142.284
Barcelona	1.503.884	*Badajoz*	133.519
Valencia	738.441	*Cádiz*	133.363
Sevilla	684.633	*Logroño*	133.058
Zaragoza	614.905	*León*	130.916
Málaga	524.414	*Tarragona*	113.129
Murcia	370.745	*Jaén*	112.590
Las Palmas	354.863	*Lleida*	112.199
Bilbao	349.972	*Ourense*	107.510
Palma de Mallorca	333.801	*Lugo*	88.414
Valladolid	316.580	*Cáceres*	82.716
Córdoba	308.072	*Palencia*	79.797
Alicante	284.580	*Pontevedra*	74.942
Granada	240.661	*Girona*	74.879
A Coruña	236.379	*Toledo*	68.382
Vitoria	216.852	*Guadalajara*	68.248
Oviedo	201.154	*Zamora*	64.845
Santa Cruz de Tenerife	188.477	*Ciudad Real*	63.251
Pamplona	183.964	*Segovia*	54.368
Santander	180.717	*Ávila*	49.712
San Sebastián	178.377	*Cuenca*	46.341
Almería	166.328	*Huesca*	46.243
Burgos	166.187	*Soria*	35.151
Salamanca	156.368	*Teruel*	31.158
Albacete	148.934	*Ceuta* **	71.505
Castellón de la Plana	147.667	*Melilla* **	56.600

** Habitantes de toda la Comunidad Autónoma

Bibliografía consultada

Adriana Santomauro
Espagnol. Precis grammatical avec 350 exercices
Nathan, Paris 1994

Anne Marie Pissavy-Neneau
Espagnol. L'indispensable
Nathan, Paris 1999

Marie-Claude Dana
Espagnol. Les fichiers Vuibert
Vuibert, Paris 1999

Isabelle Merlin
Espagnol, Bescherelle exercices
Hatier, Paris 1999

Jean-Marie Ginesta
Espagnol. Exercices (Les carnets de 1re Tle)
Hatier, Paris 1995

Jürgen Thal, Uwe Ebert
Methodenvielfalt im Unterricht
Luchterhand 1999

Juan Manuel Soto Arriví
Ejercicios de gramática
Buenos Aires 2001